子どもの世話にならずに死ぬ方法

新装版

俵 萠子

中央公論新社

子どもの世話にならずに死ぬ方法　新装版

目次

子どもの世話にならずに死ぬ方法

新装版

第一章　母さん、堂々と病んでください

〝最後の七年〟のはじまりの日

庭の正面にある染井吉野は、まだ三分の花を残している。

四日前、乳癌の手術を終えて退院してきた時は、ちょうど満開だった。

（間に合って、よかったァ……）

桜と手術に関係はないけれど、しみじみそう思った。

最近は、何かというと〝来年の桜〟〝今年の桜〟にこだわる。年のせいなのか。一九九六年。私は六十五歳になっていた。

三週間前の三月二十二日。入院のため、この家を出て行く時もそうだった。塀越しに大きく枝を広げている染井吉野を振り返った。

（この桜が散るまでに、私は病院から帰ってこられるだろうか……）

と思った。

いま私は、庭に面したガラス戸を大きく開けて、春の空気を室内に入れ、桜に向かい合って座る。

家の中は、私だけである。

娘は、結婚して家を出ている。近くに住んでいる妹はこのところ体調を崩し、自分の家で寝ている。息子は、入院中だ。

そう。四日前、退院の時にも、私は独りだった。正確にいえば、仕事の助手が二人、病院へ迎えに来てくれた。しかし、この家で私を待っていたのは、満開の染井吉野だけだった。

(あしたは、いよいよ抜糸かな。それにしても、背中にたまるリンパ液はどうにかならないか。いったい、いつになったら、止まってくれるんだろう)

――その時、電話が鳴った。

母からだった。母は、ことし八十五歳だ。大阪で弟一家と暮らしている。弟たちは二階に住み、母は一階に住む。いわゆる二世帯住宅の形をとってはいるが、両者はあまり交流がない。母は、長男であり、一人息子でもある弟を溺愛している。しかし、その妻である麻里は、決して好きではない。麻里にとっても同じことだろう。どこの家にでもよくあるパターンが、わが家にもあった。

「萠子。腰が痛いの!」

切羽詰まった声だ。「動けない。どうしよう。いよいよ入院しなくちゃダメみたい。どうしたらいいの、萠子と相談したくて……」

前置きの言葉はない。いきなり早口で母は一方的に話した。うろたえている。形は私への相談だが、本音はいますぐ飛んで来てほしいと叫んでいる。それが私にはわかる。でも、

（どうしよう！）

といいたいのはむしろ私の方だった。乳癌になったことも、手術をしたことも、母には話していない。四日前に退院したばかりで、まだ抜糸が済んでいないことも、右腕が自由にならないことも、何ひとつ母には話していないのだ。

八十五歳の母は、最近とみに衰えた。骨粗鬆症《こつそしょうしょう》のせいでとくに、足腰が衰えている。七十代のころは、弟や妹、私の助けを借りて毎年盆と正月の二回、母は一人で上京してきた。一週間から十日間、東京や群馬にある私の家に泊まるためだ。父が亡くなったあと、それは母にとって年間のたのしいイベントであり、私にとっては〝母との思い出づくり〟でもあった。

その母が私たちの助けを借りてもなお、一人で上京できなくなった。それは、八十の声をきいた時だった。がくんと一段、階段を降りたように、体力が落ちた。それまで、新大阪駅へは、弟とその子どもたちが送る。新幹線に、母を乗せる。東京駅では妹や私、その子どもたちがホームで待っている。新幹線の箱の中だけが一人で、あとはみな私たちが助ける。とくに大変だったのは、駅の階段だ。荷物はみんな私たちが持ち、母は手すりに摑まって、一

段一段ゆっくり降りる。それはちょうど、二、三歳の子が階段を降りるような光景だった。考えてみると、あのころ、東京駅には、エレベーターもエスカレーターも無かったのだろうか。

阪神・淡路大震災は、一九九五年。母が八十四歳の時だった。

地震は一月十七日。私は一月十八日に、神戸へ行くことになっていた。一月二十日からの一週間、神戸ハーバーランドの阪急デパート五階の美術ギャラリーで、関西初の焼きもの個展をやることになっていたからだ。

「いつも、東京か、群馬か、関東でばかり個展を開いていらっしゃるけれど、一度、関西でもやってみませんか」

画商の人に声をかけられた時、二つ返事で引き受けたのは、第一に〝母のため〟であった。第二に〝ふるさとの旧友たちのため〟だった。母はすでに年二回の東京、群馬旅行が出来なくなっていた。ならば、私の方から出向いて行こうと思ったのだ。

母はお茶が趣味だ。家でも、お茶を教えている。私が焼きものをすることを、殊のほか喜んでいた。私が焼きものを続ける心の底には、母に喜んでもらえるのがうれしいという単純な気持があったことを否定できない。

そのすべてが〝一・一七〟で消えた。

群馬の工房から私が神戸のハーバーランド阪急に送った七百点余りの作品は、安否さえわからなくなった。

一か月以上たって、奇跡的に作品が無事だったことを聞いた私は、もうその作品を売る気持にはなれなかった。急遽、すべてを東京でチャリティ個展に変え、その売上げを神戸への義援金として持っていくことにしたのだ。

その時のチャリティ個展（三木武夫記念館で開いた）に母を招いた。弟の妻の麻里と甥の順に付き添ってもらい、渋谷区南平台の三木邸へ、母を連れてきてもらった。旅費はもちろん私持ちである。その時の母のうれしそうな顔。小さくなった背中。おぼつかない足どり。そのすべてが、いまも脳裡に焼きついている。その時母はわずか二泊であったが、麻里と順に付き添われて、赤城の森の私の家にも立ち寄った。

あれが、土の上を歩く母の姿を見た最後だった。

肉体的な衰えがあるならば、当然、精神的にも衰える。

阪神・淡路大震災の四か月前、母から私に来た一通の手紙がある。私が、親しい友だった堀越喜久子（当時の伊香保グランドホテルの女将）の命が、もう長くはないと知らせたことに対する返事だ。

グランドのママが大変な病気（俵註・乳癌とその全身転移）にかかっておられると聞いて、びっくりしております。

神様は、何とかしてくれないのでしょうか。

本当に、悲しいことです。

私もこの頃は生きているというだけで、毎日淋しい生活をしております。私もそのうちだと思っております。ここの家では〝いらん人間〟ですし、自分自身もつらい日々を送っております。

敬老の日、萠子さんも、他人にばかりいい顔をしないで、私のことも思い出して下さい。私は早く中野（俵註・亡父のこと）の側に行って「連理の枝」になりたいと思っています。

誰もが通る道をただ一人、ぼそぼそ歩くことの悲しさ。これが人生の最後というものでしょうね。娘がありながら、思うように逢うことも出来ない淋しさも充分味わいました。嫁という者の冷淡さも、いやという程わかりました。

仕事が出来るということ、忙しいということは、この上もなく幸福なことだと思います。しかし、ある年齢に達したら、その気力はなくなってしまうのです。

それでも私は、死ぬ日まで頑張ります。やれるだけやって「さようなら」をしたいのです。

こういう手紙を書いてくる母、ヨチヨチとしか歩けない母に、私は乳癌のことを知らせることが出来るだろうか。癌の告知を受けたことも、母から貰った乳房を一つ失ったことも、私は母には何ひとつ話せなかった。
母の電話で進退きわまったあの時のことを、私はすでに『癌と私の共同生活』（海竜社）の中で書いている。

いますぐ（大阪へ）行けない理由は、仕事にかこつけるしかない。しかし、そういえば、冷たいといって（母は）気分を害するだろう。進退きわまった私がいえたことは、「年寄りが入院すると、ボケるというから、なるべく入院しないで頑張ってみてよ。こういう時こそ〝二階〟（第一家のこと）に助けてもらうのよ。そのために同居してるんでしよ」

ぐらいのことだった。
にもかかわらず、十日後、母は入院してしまった。

（一四一ページ。括弧の註は俵）

母にしてみれば、思いつめて電話をした。なのに、娘はすぐ大阪へ来るともいわない。それどころか「〝二階〟に相談すれば？　そのために、一緒に住んでいるんじゃないんですか」と、突き放すようなことをいう。
（子どもなんて、何人産んでも、何人育てても、何の役にも立たない！）

たぶん激怒し、いや激怒する元気もなくて、深く深く絶望してしまったに違いない。それはちょうど私が病院を退院する時、二人の子どもが二人とも来られなかった時の心境に似ているだろう。いや、もっと母の事態のほうが深刻だ。深い絶望感へ沈みこんでいったに違いない。

しかし、だからといって、私に何が出来るだろう？　私だって、生きるか死ぬかの瀬戸際に立っている。まだ縫い糸のついた体で、何が出来るというのだ。私は私で、心も体も傷ついている。

わずか二十歳しか違わない母と娘は、親子でありながら、八十五歳と六十五歳の、どちらも立派な老人だ。母を〝大老〟とすれば、私は〝中老〟。いやあの時はまだ〝初老〟かな。いずれにしても母はそのことに、気がついていない。母は娘が、いつまでも若いと思っている。

それはまさしく、三十年前、団地の中で、二人の子どもと仕事をかかえ、だれ一人支援してくれる人のいない核家族の若い母だった私が、あのすさまじい日々をいまではすっかり忘れているのに似ている。もしあの時、親の介護までがふりかかってきたら、確実に私はダウンしてしまったことだろう。

子どもが、親に甘えているという。たしかにそうだと思う。その象徴が、パラサイト・シングルだとも思う。しかし、親もまた子どもにもたれかかり、甘えているのではないだろうか。しゃんとしろよ！　萠子。

しかし、あの時は、そこまで気が回らなかった。母に対しては「私はいま、それどころじゃないのよ」と耳をふさぎ、子どもに対しては「何て、冷淡な子どもたち！　でもサ。考えてみれば、私は子どもの都合を聞いてから病気になったわけじゃない。ならば、こういう目に遭うのも仕方ないか」自分で自分をなぐさめることに懸命であった。

そして、この日が、そのあと七年間つづく、母の「寝たきり人生の開幕」であり、狂乱と悲しみの日々のはじまりになったのだ。

——母さん、堂々と病んでください——

昔、私が実家に居たころ、「応接間」と呼んでいた部屋がある。母の見舞いに大阪へ行くと、その部屋に母のふとんが敷いてあった。

その部屋は、ダイニングキッチンに隣接しており、木製の引き戸を開けると、ひとつながりの部屋になる。娘時代、よくこの戸を開けて、大勢の友人たちとパーティをしたものだ。

母が病んでからは、木製の引き戸がとり払われ、完全にひとつながりの部屋になっていたらしい。その応接間側に、母のふとんが敷いてある。この部屋からは庭や、庭の花々がよく見える。食事をしている家族との会話も出来るし、トイレも近い。一九七九年に亡くなった父も、病気のときは、よくこの部屋にふとんを敷いて横になっていた。ただし父の死因は肺炎だったから、突然入院し、たった五、六日の闘病で亡くなってしまった。建築家の父は、この部屋で病むことを想定して設計したのだから、病院で逝くのはさぞかし本意ではなかったろう。かわりに、といっては変だが、母は七年間の闘病のうち、在宅の日々は、すべてこの部屋で過ごしていた。病いが重くなると、弟夫婦が応接セットを撤去し、ベッドを入れた。応接間は完全に母の寝室になり、かわりに本来の母の寝室が、物置に変貌していった。

一九九六年、私が乳癌になり、母が倒れた年の後半。その半年の間に、私は五回、母を見舞いに行った。初回の六月を除いて、あとは皆泊まりがけで行ったことになっている。手帖を見ると、そう書いてある。

たぶん初回の六月十三日は、母が入院した先の駅前病院へ見舞いに行ったのだと思う。日帰りしたのは、私の体調が悪かったせいだろう。その頃、私はまだ抗癌剤を打っている時期であり、長い遠出は無理だった。

この時の記憶は、あまり確かなものではない。母が入院しているという駅前の個人病院に行った。その時の驚きと悲しみだけが鮮明だ。なぜか母は十何人もいるような大部屋の中にいて、怯えきった表情で、周囲に異常なほど気を遣っているように見えた。

（いくらなんでも、どうしてこんな病院の、こんな部屋に母を入れるんだろう）

と思ったことをはっきりと覚えている。それについての説明を、弟夫婦から聞いたけれどもそれはもう忘れてしまった。私の立場としては、そばに居ないのだから、そしてすぐに飛んではこられなかったのだから、強いことはいえない。何もいえない、そういう気持だけが強かった。

二度目、八月に行った時、母は実家にいた。妹と二人で、一晩泊まったのだと思う。その時の母のふとんの配置が、さきほど書いた位置にあった。

そして、その日の前後三か月が、母の〝最後の七年〟の中では、もっとも波乱に満ちた日々だった。

毎日のように、大阪の弟や妻の麻里と電話で話した。その時期、母は異常な世界の中にいた。

まず最初に聞いた母の異常は、母が駅前の病院で、夜中にベッドから降り、夜な夜な徘徊しているという怪情報だった。

「そんな、バカな！　そんなこと、あるわけがないでしょッ。腰が痛い、歩けないというので入院した人なのよ」

と私はいい、麻里は、

「でも、病院の看護婦さんがそういうんです。医師もいってます。その人たちが嘘をつく理由がないでしょう」

という。そして彼女は、病院のいうことを信じているような口ぶりである。

この点に関しては、いまも私は信じられない。弟夫婦とは見解の分かれるところなのだ。

しかし事態は、次第に困った方向へと推移していく。病院側が、こんな患者は責任を持って預かれないといい出し、わずか二か月半で、母は病院から追い出されてしまった。

この時の話は、いまでも私には不可解だ。深夜の病院で、むかし見た紙芝居の「赤マント」のように、マントの裾をひるがえし、廊下を飛び歩く悪魔が私の頭に浮かぶ。そして、それが私の母だなんて……。

しかし、事態は悠長にそんなことを究明している段階ではなかった。帰ってきた母は、ますます異常な行動をとる。

（私は、嫁に殺される。毒殺される）

という妄想に捉われ、時をかまわず、一一〇番をかけ、〝助けてくれ！〟と叫ぶ。

困ってしまった弟夫婦が、母の電話線を切り、通話が出来ないようにすると、母は見舞い客に、

「私は殺される。私のかわりに警察へ通報してほしい。私を助けてください」

と懇願する。

仕方がないので見舞い客を遠ざけると、今度は動けぬはずの母が、早朝、寝巻のまま戸外へ這い出し、道路に転がって倒れてしまう。困った弟たちが、外から鍵をかけ、母が脱走できないようにすると、中からどんどん戸をたたき、私を閉じ込めないでくれ、助けてくれと叫び続ける。

まだまだあるのだけれど、もうこれ以上は書きたくない。

いったい、あの時の母は、何だったのだろう？

しろうと判断ではあるが、たぶん、ああいう人間の状況を、「パニック症候群」というのではないだろうか。渦中にある時には、病気の名前を追究しているゆとりもなければ、追求する意味もない。

八月。妹と私が泊まりがけで実家へ行った頃は、まだその渦中だった。昼間だったから、弟はいなかった。母のふとんのそばに、妹と私がいて、となりのキッチンに麻里がいた。その日の母は卑屈なほど麻里に媚びへつらい、聞くに耐えない、歯の浮くような麻里へのお世辞を私たちの前で並べたてた。はじめ、私は我慢して聞いていた。何もかも辛抱して聞いていた。しかしやがて、耐えられなくなった。

「やめて！　お母さん」

ついに大声を出した。家中がぎょっとするような大声だった。

「お母さん。やめて。どうしてお母さんは、そんなことをいうのですか。

お母さんは、一所懸命、働いてきたじゃないですか。いつも、いつも、真面目に働いてきたじゃないですか。お父さんと二人で、一所懸命働いて、爪に火をともすようにしてこの土地を買ったのも、この家を建てたのも、木を植えたのも、みんなあなたのお蔭じゃないですか。一所懸命働いて、私たちを育ててくれたのもあなたじゃないですか。朝はいつも早かった。夜は夜で働いていた。お客さまを大事にしていた。私たち子どもの友だちを大切にしてくれた。お父さんの教え子たちも可愛がった。この家で私たちと一緒にお父さんの生徒を育てていたのも、あなたじゃないですか。

そのあなたが、いま八十五にもなって、動けなくなったからって、それが何ですか。当り前じゃないですか。だれだって、みんなそうなるんじゃないですか。少々みんなに迷惑をかけるからといって、なんでそんなに卑屈になるのですか。堂々と病気になってよ。堂々と病気をしてよ。お母さん。お願い！　卑屈にならないで！　いばって病気をして……。お母さん。お願い。お願い……。

麻里さん。あなたには、私からお願いします。母をよろしくお願い致します。母を頼みます。この通り、手をついて、私からあなたにお願い致します。母にやさしくしてやってください。母を、母を、お願い……お願い……」

あとは言葉にならず、ただ私は泣きじゃくるだけだった。

しかし、その気持が母に届いたかどうか。

「届いた」と、私には思えない。明治四十三年生まれ。明治、大正、昭和、平成を生き、ただひたすら働き、ひたすら人に迷惑をかけないことだけを誇りにして生きてきた母は、この事態を迎えて、錯乱し、混乱し、狂い、すべての分別を無くし、嫁にすがりついている。その姿が、あまりにも悲しく、あまりにみじめで、私は見るに耐えなかったのだ。

そのあと一か月ほどたって、母は実家から車で一時間離れた場所にある老人病院の精神科に入院することになる。

そこは個室で、たぶん差額ベッド代を払わなくてはならなかったが、母には月に三十万円を少し超える年金があった。だから、困りはしなかった。大阪市立の公立学校共済の遺族年金（父は定年まで公立高校の教師だった）と母のかけていた国民年金が少々。定年後、父が設立した設計事務所の社長としてかけた厚生年金の遺族年金。あわせて三十一万円の年金は、日本の寡婦としては恵まれているほうであったろう。七年に及ぶ長い闘病生活で、母の生活費や医療費に関して、私たちきょうだいにトラブルが起きなかったのは、ひとえに父が残してくれたこの年金のおかげだろう。

母が倒れた頃、日本ではまだ介護保険が出来ていなかった。すべての介護は、民間の家政婦派出所に頼んでいた。その支払いがちょうど母の年金分くらいになるよう、週四日のケアを家政婦さんに頼んだ。しかし、毎日は無理だったし、夜間の家政婦さん（あるいは住み込みの家政婦さん）を頼むことも母の年金では無理だった。足りない分を、弟の妻、つまり麻里が埋めていた。

とはいっても、サラリーマンの弟が、毎夜、母の横に付き添って寝るというのは無理だ。弟の妻にも、それは出来なかった。

ある時、東京から見舞いに行った妹が、母の横にふとんを並べて寝たことがある。母は喜んだが、麻里はとてもいやがった。

「そんなことをされると、あとで私が困ります。たまにしか来ない人は、それでいいでしょうけれど……」

強くいった麻里のいいぶんもわかる。

私は、体調に自信がないし、ぎっしり詰まっている明日の仕事に差しつかえることもあって、とうとう一度も母の横には寝なかった。

落合恵子の『母に歌う子守唄──わたしの介護日誌』（朝日新聞社）を読んで、彼女が母親の隣りで眠り、夜中のトイレにつき合っていることを知った。驚いたり、反省したり、考え込んだり、悩んだり、複雑な気持になってしまった。しかし、彼女がそう出来たのは、落合恵子が母親の介護の総責任者だからではないだろうか。

いわゆる〝小姑〟と呼ばれる立場の私は、見舞いに行くのも、泊まるのも、意見をいうのも、実家でご飯を食べるのも、お茶一杯飲むのだって気を遣う。小姑には、小姑の悩みと悲哀と、割の合わなさがある。もともと自分の家であり、親と一緒に苦労して作った家だというのに、なんでこんなに気兼ねをしなくちゃならないんだろう。

母が、精神科のある病院に入ってからは、変な話だが、むしろ私はうれしかった。一切の気兼ねをしないで、いつでも母に会いに行けた。何時間でも母と一緒にいられた。その時の経験が、のちに、いい老人ホームを探そうという私の気持につながっていく。

いずれにしても、老人の年金は、すべての老後設計の基礎である。

すべての老人に、三十万程度の年金があれば、どんなにいいだろう。

私の友人の朝田静子は、長い長いキャリアウーマンの生活を経て家作を持ち、いま月に四十万程度の収入がある。彼女の老人ホームさがしの話をきいていると、いささかの湿っぽさもない。

「最後まで人生の〝負け犬〟にはなりたくないんです。カッコよく、カッコいい老人ホームに入りたいんですよネ。ハッハッハ……。また体験入居してきちゃった」

八十四歳で、流行語を駆使する彼女の話は、聞いていて楽しい。彼女を見ていると、気に入る老人ホームさがしが趣味ではないかと思うほどだ。

七年間の母の生活費について、最初の間私はぼんやりしていて、弟夫婦に何の質問もしなかった。途中から気がついて、報告をしてもらうことにした。だが、何が何だか結局はよくわからなかった。わかったことは、母の死後に現金はたいして残らなかったということ。しかし、借金も残らず、葬式も母の金ですべてまかなえたということくらいだ。金のことや相続については、このあと、また別の章で触れることにする。

ともあれ、母の〝最後の七年〟の、最初の一年はすでに滑り出していた。

母が倒れる直前の三月二十五日に乳癌の手術をし、その後半年間抗癌剤を打ちながら母の見舞いに通った私は、それでも少しずつ、体力が回復していった。動かなかった右手が、一年たってようやく動くようになったころ、五十肩になった。また一年右手が動かなくなり、それが治った頃今度は左手が五十肩になり、通算三年、私の両腕は故障つづきだった。

母が倒れたその年（一九九六年）の大晦日、息子がバイクで交通事故（自損事故）を起こし、半年間入院。群馬での事故だったから、私しか見舞いに行ける人間はいない。この時期、私は母と息子、二人の病人を家族に抱えたことになる。よくまァ、生きてこられた。いまになってそう思うが、その時には、ただひたすら、毎日を生きているだけだった。

その次の年（一九九八年）の十二月には、私自身が、高速道路を時速一〇〇キロで走っていて（たぶん一過性脳梗塞を起こしたのだろう）一瞬意識がなくなり、大きな自損事故になった。生きていたのが不思議なような事故だった。この事故のことは前著『六十代の幸福』（海竜社）に詳しいから繰り返さない。この時の怪我とそのあとの私の〝うつ〟は完全に回復するまでに通算五年かかった。母の死の頃、私はまだその〝うつ〟の渦中に居たことになる。

〈大老の母も大変。中老の娘も大変〉

〝最後の七年〟は、こうして進行していったのだ。

――動けなくなったらどうしよう――

父が亡くなった時、母は六十九歳だった。

来年は、金婚式という年だった。

「お父さん。頑張って……」

肺炎で突然入院した父は息が苦しくて、激しく喘《あえ》いでいた。「ね、お父さん。頑張って、もう一度元気になって。そしてお母さんと一緒にハワイへ行ってきて。これは金婚式の前祝いよ。旅費の足しにしてね」

なんとか父を励まそうと思い、私は旅費の袋を病室の父の枕の下に滑り込ませた。

しかし、父はダメだった。その三日後に亡くなってしまった。

考えてみると、母は十九歳で結婚し、足かけ五十年父と連れ添い、そのあとさらに二十三年生きた。亡くなった時は、九十二歳だった。

「私は体が弱いから、きっとお父さんより先に死ぬでしょう。とても、長生きは出来ません」

いつも、そういっていた人が、九十二歳まで生きる。

「お父さんは、百まで生きる。お母さんを見送ってあげるよ。大丈夫だ。きっとお父さんは、百まで生きる」

といっていた人が、わずか六日間の病いで死ぬ。その時、父は七十六歳だった。

〈人は、死に方だけは選べない〉

というが、本当だ。そして、私の両親の場合も、女は強かった。男はもろかった。

母が寡婦になった時六十九歳だったということは、二十歳違いの娘である私は四十九歳、いやその時はまだ四十八歳だった。

すでに、四十二歳で離婚をし、四十八歳の春、娘をアメリカ留学に送り出し、息子と二人だけで東京の家に暮らしている――という状態の時だった。

〝夫がいないひとり暮らし〟のさびしさが身に滲みていた私は、離婚してからは、毎年の暮れ、大阪の両親を、東京へ招待していた。両親にわが家の三人を合わせると、五人で正月を迎えることになる。子どもたちのために、離婚家庭のさびしさを少しでも薄めてやりたいという気持からだった。

しかし、父が亡くなった年は、父の死の三か月前に娘がアメリカへ出発していたから、一挙に二人、私は家族を失ったことになる。

一人で旅が出来ない母は、その年の暮れ、東京へ来るとはいわなかった。私もまた声をかけそびれていた。父の死で、母も娘も呆然としているうちに正月が来てしまったという感じである。

元日の昼ごろ、私は大阪の母のところへ電話をかけた。たぶん、二階の弟一家がさびしくしている母を呼んで、一緒に食事でもしていると思っていた。だったら母は、この電話には出られないだろう。そう思ってかけたのに、すぐに母が出た。

「あら、お母さん。いたの?」

「いたわよ」

暗い、張りのない声だ。

「なにに、してるの?」

「なにって。お昼だからご飯たべてるわよ」

「ひとりで?」

「ひとりに決まってるじゃない? ひとりですよ」

「へえ。私はまた〝二階〟が呼んでくれて、一緒に、賑やかに食事でもしてるのかと思った」

「とんでもない! 声なんか、かけてくれるわけがないでしょう」

「ふーん……」

私は、母のいうことを全面的に信じたわけではない。なにがしかのやりとりが〝二階〟との間にあったに違いない。しかし、母は〝あわれっぽく〟ものをいうのが好きな人だということも私は知っている。

いきさつはどうであれ、元日に母がひとりでご飯を食べているという事実だけはわかった。私も、息子と新参のネコ（父が亡くなり、娘がアメリカへ行って、うちの中がさびしいので拾った）と三人だけの食事をしている。

（ならば、来年からは、きちんと母を東京へ招待しよう。東京には妹も居るし、きっと母は喜ぶだろう）

と私は思ったのだ。

それが、そのあと十年間つづいた「母の盆、暮れ、東京・群馬旅行」のはじまりである。

年に二回、母と一緒に暮らすようになって驚いた。

「ねえ、萠子さん。いまはいいのよ。こうして体が動くから……。でも、動けなくなったら、どうしよう。私はどうすればいい？」

母は私に、一日に十回くらい、同じことをいうのだ。

母が夫と死別した六十九歳から七十代前半にかけての数年間だ。ちょうど、いまの私の年齢である。人はみな、この年齢のあたりで、病んだ時の自分や人生最後の居場所について考えるものらしい。

いまではそれがわかったが、二十年前の私はそういうふうには受けとめられなかった。最初のうちは、こう答えた。

「だって、お母さん。そういう時のことを考えて、弟に二階の家を作ってやり、二階にあの人たちが住んでるんでしょ。だったら、何も悩むことはないじゃないの」

「でも……」

「でも、何よ」

弟は私と十六歳離れた、団塊世代のトップランナーだ。その弟が結婚する時、明治生まれの私の両親は、弟にだけ、実家の二階に新居を作ってやった。私も、妹も、〝嫁に出すのだ〟という理由で、住む家の面倒はまったく見てもらえなかった。結婚式も、相手のご都合に合わせるのだといって、私は会費制。妹は、そうではなかったようだが、弟だけが金をかけた結婚式をしてもらった。〝跡とり息子〟の結婚式であり、〝嫁をとる〟のだからという意識があったからだろう。べつに金をかけた結婚式がしてほしかったというわけではない。きょうだいに差をつける両親の態度が面白くなかったというだけだ。

のちに、フェミニズム運動の先頭に立った私が、口を酸っぱくして、「もう家制度は無くなったのよ」「嫁に出す、嫁をとるという考え方は間違っているの。いまは、男女が独立戸籍を作ることを結婚というのです」「娘も息子も平等なの」「男女は、どちらの姓を名乗ってもいいんです。たぶん将来は夫婦別姓が認められる世の中になります」。いくらいっても、私の両親にはわからなかったようだ。表だって私に反対はしない。

「そうだね、そうだね」

と口ではいう。けれど、何ひとつわかっていなかったのではないか。やっていることは、旧民法そのままであり、むしろ、それがお気に入りのようにさえ見えた。父などは、農家の三男坊であり、すべての財産は長男と次男（新宅という名の分家を作ってもらう）が相続し、丸腰のまま、家を出て大阪に来た。そのことを諦めてはいたらしいけれど、決して快く思ってはいなかったのを、私は知っている。

なのに、自分の家庭のことになると、滲みついた明治民法に平然と従う。いったい、あれは何だったんだろう。新しい制度が理解できなかったからなのか、見栄なのか、老後の保身なのか、私はいまもってよくわからない。

私たち〝日本の娘〟には、それに対するひそかな〝恨み〟が、胸の奥の、底の底にあるということを、ご存じないのであろうか。

ましてや、私のように離婚せざるを得なかった女は、先夫の家制度からも、実家の家制度からもはみ出てしまう。つまり、天下に雨宿りするところが無くなってしまうのだ。

〈女、三界に家なし〉

という言葉は、いまも生きている。この言葉が生きている限り、女性に離婚の自由は少ないというべきだろう。

むかし、両親から丸腰で放り出された私は、まったく自力で、東京と群馬に二つも家を作ってしまった。だから、三界に家が二軒もできたけれど、それは極めて異例のことだ。運がよかったとしかいいようがない。この世の中を、運だけに支配させてはいけない。制度が大切だ。だから私はフェミニズム運動の先頭に立っていたのだ。

「でも……」

のあとに続くのは、決まって嫁の世話になるのはいやだという話だった。麻里だってイヤだったろう。この点に関してはおあいこだ。

「だったら、いっそ、あの家を処分して、すてきな老人ホームに入ったら？」

「ホーム？　養老院のことかね？」

わざわざ〝養老院〟といい直す。

「そうよ。近ごろは、わりにすてきな老人ホームが出来てきたらしいわよ。高いけど……」

「そうかね」

気のりのしない返事だ。いまにして思うが、明治生まれの母にとって、ホームは終生養老院のイメージであり、自分の子どもに〝養老院に行け〟といわれること自体が不愉快なことだった。この件に関して、話題はいつもそれ以上には進展しなかった。

ある時、もう何十回目かは忘れたが、例によって、〝どうしよう？〟が出たとき、私はふと、気がついた。

母は、一見私の意見を聞いているようだが、じつは、違うのではないか。何か、私から引き出したい一つの言葉があって、それで〝どうしよう？〟をいっているのではないか。きっとそれは、

「だったら、お母さん。私の家に来ない？　東京で私と一緒に住もうよ」

という言葉だろう。そう思ったので、試しにいってみた。すると、見る見る母の目が輝いた。うれしそうな表情に変わった。

その言葉を、私はまったく口から出まかせにいったのではない。心にもないことをいってみたわけでもない。

四十二歳で離婚をし、子どもは間もなく親離れをしていく（この見通しは間違っていた。一人は確かに出ていったけれど、もう一人はいまだに出ていかない。そのころは〝パラサイト・シングル〟なんて言葉も知らなかったし、自分の子どもがやがてその一人になるなんて、考えてみたこともなかった）。やっぱり独りはさびしいと思っていた。再婚ということも考えないわけではない。けれど、前夫の子どもが二人もいる私と、敢えて結婚という形になる

には、男にだって勇気がいるだろう。私だって大変だ。日本の男はたいてい生活面で自立していないから、仕事を持つ私にとってはまたまた荷が重くなるだけでもあった。

友人の樋口恵子は、私と同じシングルだが、当時母親と同居していた。母親は、子育ても手伝ってくれる。彼女の仕事も助けてくれる。うらやましいなといつも思っていた。

私も母と一緒にそんな生活が出来たらいいな。そう思うことは、しばしばあったのだ。

しばらく考えていた母は、

「でも、東京には私の住む部屋がないだろ？」

急に具体的な話になってきた。

当り前だ。

両親は弟に新居を建ててやり、一緒に住み、いかにも、「私たちはこの態勢でまいります」という態度を表明してきたのだ。いまごろになって、そんな話を持ち出すなんて……。筋が違うんじゃないですか。私は父が亡くなる五年前、離婚について書いた本がたまたまベストセラーになったので、父の設計で東京の家を建てた。しかし、その時も、親が一緒に住むなんて話は、これっぽっちも出なかった。

そんな恨みつらみを、いまさら母に言っても可哀そうなので、私はやんわりこういった。

「そりゃ、そうよ。だって初めっからそういう設計にはなっていないもの……。でもネ。私の書斎の南側に、お母さんの部屋をもう一間、建て増すことは出来るわよ。敷地には、それくらいのゆとりはありますから……」

またしばらく、母は考え込んでいる。

そしていった。

「でもねえ。東京に来ると、お友だちが居ないし……」

「それは、仕方がないわよ。お母さんは十八の時から、大阪に住んでいるんだから……」

「お友だちがねえ。お友だちに会えないのは……」

と母は沈黙する。確かに友だちが居ないのは辛いだろう。しばらくたって、またポツンと母がいう。

「お茶でもやれればねえ。お茶が出来れば、お友だちが出来るんだけど……。東京にはお茶室がないしねえ」

大阪の実家には、死の直前、父が母にプレゼントしたすてきな茶室がある。そこで母は、お茶の先生をしている。

しかしその時はもう、私が赤城の森の土地を買ったあとだったから、すぐさま胸を張って、私はいった。

「赤城なら、広いから、お茶室の三つや四つ、いくらでも建てられますわよ」

するとまた、母はこういうのだった。

「赤城はいいところだけどねえ。あそこに住んだら、買い物ひとつするにも、萠子さんに運転してもらい、萠子さんに連れていってもらわなくちゃならない。そんな生活はイヤだわよ」

――いや、まったく。ごもっとも……。

話はいつも、こんなふうにから回りし、結局何の結論も出ないまま、母はふたたび大阪へ帰っていくのだった。あのころ、母は自問自答をしていたのかもしれない。私を相手に、自問自答をしてみたかっただけかもしれない。家族の間には、そういう形の会話もあるのだということを、最近私は考えるようになった。

あのころの私にはまだそういう雅量がなかった。母の話は、つまらない。無意味にから回りする。無駄な会話につきあうのは、時間の無駄だと思うことが多かった。

せっかく親切な私の提案に、すべてケチをつける母も不愉快だった。

「それじゃア、勝手にしなさいよ。アレもいや、これもイヤじゃア、どうしようもないじゃないですか！」

邪険ないい方をしたこともあった。

五十になったばかりの私には、人生のラストステージを考えることが、どんなに難しいことかということがよくわかっていなかった。

若い時の自主独立への憬《あこが》れ。恋をした時の、突き上げるように異性と一緒に暮らしたい願望。中年になり、必要に迫られて部屋を拡げていく転居。同じく中年の頃に強くなる趣味に合った家を持ちたい欲望。

そのどれとも違う。つまり突き上げるような願望や欲望、憬れがあり、幸福と喜びを味わいながらやる転居とはまったく性格が違う。強いていえば、理性と諦めで選ぶラストステージとでもいおうか。

母が、何ひとつ決められなくて、不毛の思考をぐるぐる回りしていたのが、いまの私には理解できる。

いやそれどころか、〝人生の店じまい〟だとか、〝身辺整理〟だとか、〝ラストステージの選択〟だとかいうけれど、元々、人生は完全には片づかないものだとも思うようになった。とくに人間関係（わけても、肉親との関係）は最後まで迷い、悩み、片づかない。そして、割り切れない。だから、遺書を書くのがむずかしいのだ。毎年書き直したほうがいいといわれるのはそのせいだろう。

そんなことがわかってきたのは、ごく最近のことだ。同じ言葉を繰り返していたテープレコーダー時代の母の相手をしていたころ、私はそういう人生の深淵や機微が少しも見えていなかった。あの頃の母に対して申し訳なかったな、という気もするし、だからこそ、人生は生きる値打があるのだとも思う。

最近、私は、高齢者が一人暮らしをやめるタイミングについて、

「蛍光灯のランプが自分で替えられなくなり、柱時計の電池がとり替えられなくなったら、

考えどきだ。潮どきだ」

と思うようになっている。

一方、明治生まれの両親の、〝旧民法頭〟にあきれ果て、つくづく怒りと軽蔑と恨みを感じてきた私だが、いまではふと違う見方をすることがある。

何のかんのといいながら、結局は長男を選び、長男と一緒に住み、長男の嫁の世話になり、長男に家屋敷を相続させた母（遺言状にそう書いてあった）は、頭が古く、見栄っぱりであり、結局家制度の囚人であったと思うのだ。が、情念の部分で、母はやっぱり〝女〟だったのだ。日に日に体力を失い、老い衰えていく女にとって、ただ一人、まぶしいほどに輝く、若い男の肉体を所有できるのは息子以外にあり得ない。だから母親にとって息子は、自分が衰えていくほど甘美なものになっていく。何気なく、

「うん。これ、持ってあげようか？」

息子が差し出す腕を、母親はある種の性的陶酔をもって眺めたのではないか。

そういう意味で、母が男性である弟を溺愛したのは、それなりにリーズナブルであったのかもしれない。

そんな解釈が出来るようになったのは、つい最近だ。その解釈が正しいかどうかはわからない。が、まったく別の角度から物を見るのはおもしろいことだ。

やっぱり人間、年をとることは無駄ではない。

──人間の能力が減っていく日──

　盆と正月を、母と過ごすようになったのは、母が独りになってから、つまり七十歳の夏からだった。はじめのころ、母は東京・中野区の私の家に来ていた。そのころの私は、中野区で準公選の教育委員をしていたので、超多忙な時期だった。が、盆と正月だけは多少閑《ひま》になったからだ。

　母が独りで東京へ来はじめて三年たったころ、私は子育ての後の人生を楽しみたくて、父の故郷である群馬県赤城山に、セカンドハウスを買った。群馬県なら、東京から近い。父の思い出もある。母は愛知県豊川市の出身であるけれど、母にとっても群馬は、なつかしい土地だろう。周囲は保安林だし、敷地の中には川が流れている。その川の上を蛍が飛ぶという夢幻のような土地だった。そこに現在は「俵萠子美術館」と「陶芸教室」が建っているのだが、当時は荒れ果てた森に、小さな廃屋が一軒建っているだけの土地だった。

母と二人で、その森へ通いはじめた。

夏はブヨやアブがいて閉口する。けれど、蛍が飛んでくれる。母の興味は、もっぱら〝お茶〟だ。あの辺にお茶室を建てるといいとか、この辺りで野点《のだて》をやってみたいという話ばかりしていた。

暮れは十二月の二十六、七日ごろ、母と私が先発で赤城に到着する。正月の支度をするためだ。私が五十五歳で車の免許をとってからは、群馬で一緒に正月の買い物にも出かけた。たいてい、母と私のほかに、私の友人や、アメリカから帰ってきた娘、その友人、あるいは息子があとから加わって、賑やかな正月になった。思えば、あの頃の正月が、私の人生ではいちばん楽しい正月だった。

しかし、その頃からだ。何となく母の様子をおかしいと思いはじめたのは……。母、七十代の後半からである。

それまでは、赤城に着くと、

「萠子。どうする？　あしたからの段取りを決めておこうよ」

自分からいい出す時もあったし、私が正月の段取りを話すと、

「じゃア、お雑煮とかずのこは私がやってあげるから、あなたは、年越しそばの支度にかかりなさいよ」

てきぱきコトを運んでくれた。

しかし、七十代後半に入ると、赤城へ来ても、ただぼうっと突っ立っていることが多くなった。ばたばた働いている私の横に立って、自信のなさそうな小さな声で、

「ねえ。私は、何をすればいい？」

おずおず私にたずねる。何十年も母が作ってきて、私はその雑煮で育ったというのに、

「ねえ、蒴子。大根の切り方は、こんなんでいい？」

いちいち聞くようになった。

毎年正月に来ているのだから、覚えているだろうと思って、

「ねえ、お母さん。祝い膳の支度をしてくれる？」

と頼んでも、何から何をどう始めていいのやらわからない様子で、自信なげに立っている。

そのくせ、客や私と世間話をする時には、ごくごく普通の母だ。

「私、〝あばれん坊将軍〟は毎週、見てるんですよ。マツケンファンでしてね。オホホ……」

といっている時には、何の変化も感じられない。

そうだ。まだ、ある。おかしいと思ったことが……。

東京の家や、赤城の家に来ると、必ずテレビのチャンネルについてのご質問がある。

「ええと。NHKの総合は何番だっけ？」

「一番よ。東京は一チャンネルですからね」

「そうだったわネ。大阪は二チャンネルだけどネ。ええっと。朝日放送は？　毎日放送は？」

順番にきいて、はじめのころは、二回くらいで覚えてくれた。ところが、だんだん覚えられなくなってきた。

「ええと……。NHKの総合は……」

日に何度も尋ねるようになったので、私は紙に書いてテレビに貼るようにした。

電気器具の使い方が、年々覚えられなくなっていった。

ある年、赤城でのある朝。

例によって、早起きの母は、私より先に起きて、ダイニングキッチンにいる。

あとから起きてきた私がいった。

「なんだ。お母さん。もっとゆっくり寝ていればいいのに……」

「だって、習慣だから……」

いつものように母が答えた。

「あらッ!」

その時、私は声に出した。「寒いじゃないの。この部屋……。ストーブをつければいいのに……。ここを、こうひねればいいって、ゆうべも教えてあげたじゃない!」

思わず強い調子でいうと、母はおどおどして、

「だってプロパンだから、怖いんだよ……」

消え入るような声でいう。

この寒さなのに、ストーブもつけられず、震えている母を見ると、私は母よりおそく起きたことを後悔した。

にもかかわらず、翌朝また母は早く起きる。私はまたしても母の起床に間に合わなかった。

この日、ストーブはついていたが、母はさらにヘンなことをいった。

「萠子。このトースター、こわれてるんじゃない？」

「どうして？」

母の前の食卓には、パン皿の上にパンがのっている。

「焼いたらネ。ほら、カチカチになっちゃった」

母が差し出したパンを触ると、なるほど固い。焦げ目もない。おまけに、パンが小さく縮んでいる。

「変ねえ。どうしたのかしら。もう一度、焼いてみようか？」

私が自分のパンを、トースターに入れようとした時、母がいった。

「あら。そっちがトースターなの？　私は、こっちのトースターで焼いたのよ」

母が指さしたのは、電子レンジだった。

きのう、きょう、母がはじめて来たというなら、間違えることがあるかもしれない。しかし母は、きのうも、おとついも、ここに居た。そして私が何度も電子レンジを使っているのを見ていたではないか。自分でも使っていたはずである。

そのころ私が大阪へ行くと、母の手作りの料理が食卓に並ぶことはほとんど無くなっていた。たいていの物は、駅前のスーパー「ダイエー」で買ってきたおかずだった。私は味気ない思いをしていたのだが、

(独り暮らしなんだもの。作る気もしないでしょうね。それに、昔から、母さんはそんなに料理の好きな人ではなかったから……)

善意に解釈して諦めていた。しかし、二階の麻里から見れば、母はくさったものまで捨てない変な人だから、母の作る食事は不潔で危険だと思っていたことだろう。母と麻里には、四十一歳の年の開きがある。二人の感覚の違いは、世代間に共通したものであり、深くて暗い越えられぬ川のようなものだ。この川がある限り、嫁と姑が、台所を共有することはほとんど不可能だ。

そんなわけで、そのころ私は最小限しか母の作った料理は食べられなかったし、諦めてもいたけれど、ある時、ついに衝撃的な事件に出くわしてしまう。その日も〝メイド・イン・ダイエーのおかず〟を諦めて食べ、流しで茶碗を洗おうとした時だ。

食器用の洗剤が見つからない。母は確か、ママレモンというのを使っていたと思うので、

「お母さん。ママレモンは？」

ときいた。

「食器用の洗剤でしょ。左の棚に置いてあるわよ」

と母が答える。しかしそこには、住居用洗剤のマイペットしか置いてない。これは、流しか、床でも洗うんじゃないかと思い、もう一度たずねた。母はくるりと振り返って、

「それよ。いま、あなたが持っている……」

と答えた。

「お母さん。これは……」

といったきり、私は絶句した。

衝撃が走った。

（母は、もう、食器用と住居用の洗剤の区別がつかなくなっているのであろうか……。こりゃ、大変！　いまのうちに何とかしなくちゃ、えらいことになる……）

そう思った。けれど、面と向かって母にそれをいうのは、実の娘の私でさえ勇気がいる。もうそろそろ台所仕事を〝二階〟に替わってもらったほうがいい。それとなく母の意向を打診してみた。しかし母から、色よい返事は戻って来ない。明治生まれで、旧制の県立高等女学校を優秀な成績で出たということが、生涯の自慢であった母は、

（人さまに迷惑をかけずに生きている）

ということが大事な誇りだった。

その母に、

（あなたにはもう、主婦としての能力が無くなったのです。別の人に交替してもらいなさい）

というのは、職場の定年よりずっと難しい。職場の定年は、ルールだと思えば多少諦めもつくし、その場所から立ち去ってしまえば、心の切り替えもできやすい。しかし、台所は、立ち去るわけにいかない場所だ。きのうまで、自分が、この引き出しにオタマを入れていたのに、目の前で、別の人が別の場所に入れたら、どんなに気持が悪いだろう。塩こしょうの置き場一つだって、それなりの理屈があって決めたことなのだ。

後年、母が〝おしゃもじ権〟を、二階の麻里に明け渡してからは、私が実家に帰るたび、台所のレイアウトが変わっていった。私はそれをじつに複雑な思いでながめた。小姑の私にとって、それは自分の持ち物の置き場を勝手に変えられたような気分であったのだ。もはや、実家の台所に、何の発言権もない私だというのに……。

麻里の意見は、はっきりしていた。

「私は、いつでも、台所をやっていいのですよ。でもやる以上は、完全に私にまかせてくれなければいやです」

麻里は料理もうまいし、整理好き、きれい好きでもある。当然のことだろう。

しかし母にしてみれば、〝残存能力〟がまだあり、毎日その中に身を置いている場所で、物の置き場所一つ、〝捨てる、捨てない〟の決定権一つ持てなくなるのは耐えがたいことであるだろう。

この時もまた私は、母の生活を根本的に変えるチャンスを逃がしてしまったのだ。

一方、母を赤城や東京に引きとり、一緒に暮らすことについては、だんだん私自身が諦めるようになっていった。母の能力が減っていくことに気づくたびに、やっぱりやめた方がいいという気持が強くなっていった。

〈年とった人を、異なる環境に置くのはよくない〉

よく聞く言葉だ。

正しい意見だと思う。慣れない環境、慣れない道具に囲まれた時の母の、あの、おどおどした自信なげな姿が、いまでも目に浮かぶ。もしその変化を強行していたら、母の人格に悪い影響を与えただろうと私は思う。すでにそのころ、実家にいる時の母と、赤城にいる時の母の微妙な違いに、私は気づいていた。実家にいる時の母には、〝メイド・イン・ダイエー〟であれ、傷みかけている食べ物であれ、住居用洗剤であれ、何であれ、一つの空間を支配している者の自信と安心がにじみ出ていた。しかし、私の家に来ている時の母には、だんだん〝お客さん〟という雰囲気が色濃くなっていった。昔は、ひとり者の娘の家は私の家よという感じだった。私の共同生活者として、てきぱき意見をいってくれた時代の母が恋しい。

いつしか私は、母を東京や群馬に移転させることを諦めるようになっていった。母のためには、住み慣れた大阪で、住み慣れた家で、住み慣れた道具に囲まれ、親しい人々に包まれて暮らすのが幸福なんだ。跡とりを〝長男〟に決める封建性は気に入らないが、それもまた許そうではないか。母も女であり、父亡きあと、母が頼れる異性は、弟しか居なかったのだから……。いまの私はそう思っている。

母が〝終《つい》の栖《すみか》〟を決めるなら、それはもっと早い段階でなければならなかったのだ。いくつの頃がよかったのだろう。やっぱり、

「ねえ。萠子さん。いまはいいのよ。こうして体が動くから……。でも、動けなくなったらどうしよう」

同じ言葉を、テープレコーダーのように繰り返していた、あの時期だったのだろうか。いや、それよりももう少し早い〝茶道〟に野心を燃やしていた時期だったら、東京へ来ても、友だちが出来たかもしれない。でも、その時は、父がまだ生きていたしなァ……。それにあの頃の母は裏千家から遠い場所に住むなんて、まっぴらご免之介であったろう。子育てを終えた母は、第二の青春のまっただ中にいて、〝人生第二幕〟を謳歌していた。

まさかその少し先に、奈落のような第三幕が待っていようとは、本人はもちろんだれ一人予測は出来なかった。

いまになって、あのテープレコーダー時代の母に、私はもっと強く「いい老人ホームという選択肢もあるわよ」そういってあげればよかったのかなと考える。しかし、すべては後の

祭りだ。私はいちばん大事なことについて、母親に的確な意見をいってあげることが出来なかった娘なのだ。

第二章　親孝行を期待したらダメ

——母よ、淡くやさしき光ふるなり——

「ひざが痛い」「腰が痛い」という時期が長年続き、ついにある日、母にとってもっとも恐れていた〝動けなくなる日〟がやってくる。それは同時に長年憎み、嫌っていた嫁に全面降伏する日でもある。こういう時、人はどう反応するものなのか。

私は母に「堂々と病んでください。卑屈にならないでください」と涙ながらに懇願したが、母からの反応はまるでなかった。母はすでに、狂気の世界の中に逃避していた。「パニック症候群」と、私がしろうと判断したあの狂気の中で、母はあらゆる幼稚な感情をあらわにした。

憐れみを乞う。甘える。いやがらせをする。幼児がえりをする。媚びる。へつらう。「殺される、盗まれる」という被害妄想を抱く。自殺願望に捉われる。自己中心が激しくなる。なかでも厄介だったのが、自殺願望だった。母には、治ろうという気なんかなかったに違いない。一方では〝殺される〟という被害妄想を持ちながら、他方では「いっそ、死にたい。一日も早く死にたい。生きたくない。こんなになって、生きていたくない」という気持がどんなにか強かったに違いない。

ある時、弟がいった。

「お姉さん。お母さんのおなかに、庖丁で切ろうとした傷跡が、何本も残っていたんや。ためらい傷というのやろか……」

最後の七年間でこの話ほど、哀切なものはなかった。

〝死ぬ〟ということが〝切腹〟という行為に結びつくのは、明治人の発想だろうか。母は明治四十三年生まれ。最後の明治女だった。

「お母さんは、いつもふとんの下にヒモを隠してるんや。見つけてはとりあげ、見つけてはとりあげしたんやけどな……」

とも弟はいった。

ふとんの下には、いざという時首を吊るためのヒモ、ふとんの横には大事な貴重品や遺言状が入った手さげ袋がある。だから、つねに彼女は「席を空ける」わけにいかない。シーツや枕カバーをとりかえる時や、掃除の時には見張っていなければいけない。あるいは貴重品やヒモを隠さなくてはいけないと思っていたのだろう。

麻里が掃除をするため、夫に頼んで母をドライブに誘ってもらったことがある。孫も一緒だというので、母は喜んで（つい、うっかり）車に乗ってしまった。ものの二百メートルも行かない間に、母はヒモと貴重品を置いてきたことを思い出した。

「しまった。してやられた！」

と母は大声でいったのだそうだ。片時も油断をしてはならない。母にとっても疲れる日々であったろう。

徘徊するという理由で駅前病院を二か月半で追い出された母を、そのまま家に置いておくわけにはいかない。「パニック症候群」の治療も必要だし、足腰のリハビリも必要だ。そこで新しく出来た老健施設〝K〟に母を入れることになった。

老健施設は、病院での治療が終わり、自宅へ帰る前、心身の社会復帰とリハビリのために入る施設だ。通常、滞在できるのは三か月ということになっている。

しかし、ここでもまた母は一週間で追い出される。

「いうことをきかない。集団生活が出来ない」

という理由だった。

たとえば、リハビリは絶対受けない。人の集まるところには行かない。食堂でご飯を食べない。車椅子に乗らない。風呂にも入らない……といった理由だ。

その話を聞いた時、私は思った。

（当り前じゃないか。施設のほうが間違っている！）

母は何も悪いことをしたわけではない。ドロボーをしたわけでも、殺人をしたわけでもない。ただ病気になっただけじゃないか。八十五歳にもなった人を、しかもいままで真面目に一所懸命働いてきた人間に、何の権利があって命令するんだ。イヤがることをやらせるんだ。私の母は、望んで〝K〟に入ったわけじゃない。治ろうとも思っていない。一日も早く死にたいと思っているだけだ。日本にも、オランダみたいに安楽死法が出来ていたら、母はまっ先に安楽死を希望しただろう。

確かにあの時期、母は狂ってはいたけれど、望まない自分の状況には、全身で反抗していた時期でもあった。

そんな風に書くと、弟、とくに麻里に叱られるのはわかっている。

（遠くにいる人間が、無責任なことをいうな！　そばにいる人間の、苦しみがわかるか！）

ごもっともである。確かにあの時期、弟は憔悴《しょうすい》しきっていたし、麻里は、あっという間に七キロも痩せていた。でも、大阪で弟一家と住むことを最終的に選んだのは、母であって、私が選ばせたわけではない。一緒に住めなかったから一切の発言権がないというのは、子どもの一人としては悲し過ぎる。遠くに住もうと、子は子なのである。

老健施設Kで、全身で反抗していた母を、ある意味で私はあっぱれだと思う。病院や施設は、無条件で命令に従う人しか受け入れないのだとすれば、考え直してもらいたい。人は、とくに高齢者には一人一人、基本的人権のほかに、生きてきた分だけの尊厳が降り積もっているのだ。

号令一下では動かぬ人の尊厳も守りつつ、多様な治療方法を考えるのが、高齢者医療の役割ではないのか。最初に入った駅前病院だって、厄介だからといって追い出すだけが能ではない。個人病院ながら、一応総合病院を名乗るなら、母の「パニック症候群」にも対応すべきだし、それが出来ないというなら、ほかの医療機関を紹介すべきである。老健施設Kもしかりだ。

もう一つ、老健に関して、不思議に思っていることがある。

最近私が、老人施設について取材しているときいて、友人がこんな話をした。

「私の姑は間もなく百歳だけど、介護保険が出来た時からもう五年間、ある医師が経営している老健に入院しています。二人部屋で差額ベッド代が一日二千円。一か月で六万円ですよね。それに介護保険の自己負担分、食費、管理費などで六万。合計月十二万円でみてもらっています。実の子三人はさまざまな事情で一緒に住めない。その施設は死ぬまで面倒見て下さるというので助かっています。ただ母の年金だけでは二万円足りないので、私の夫が補ってはいますけど……」

まるで、老人ホームのような老健施設が実在するのだ。私の母が追い出された〝K〟では、老健は三か月未満だといっていたのになぜだ？

精魂つき果てていた弟夫婦は、かなり辺鄙《へんぴ》なところにある〝A〟という老人病院を見つけてきた。私の実家からは車で走って片道一時間かかる。往復で二時間だ。

その病院の精神科に入院できることになったと弟が知らせてきた時、なんとなく母が哀れな気がした。片道、車で一時間では、弟家族もそう再々は行けないだろう。私たち東京勢が行くにも不便である。

しかし、反対は出来なかった。

あまりにも、弟夫婦が追いつめられていたからである。

桜が散りはじめた頃、

「腰が痛い、動けない」

切羽詰まった声で電話をしてきた大老の母は、五か月後の九月中旬、大阪の郊外、茨木市のはずれにあるA老人病院の精神病棟に入院した。中老の私はその直前、ようやく抗癌剤の治療が終わった。雪の二月に診察を受け、乳癌の告知を受けてから、じつに七か月の闘病生活だった。やっと晴れ晴れして、辺鄙な病院へ母を見舞いに行くと、小さいながら母は個室に入っていて、私は、ホッとした。母の顔も、いくぶん穏やかになったような気がする。

その病院は、分類でいうと、長期療養型の病院だった。一応総合病院だが、入っているのは、ほとんど老人であり、精神科の患者が多いように見えた。弟の説明によると、アルツハイマー、うつ病、認知症の人が多いのだという。

入る前に、家族の意志確認があったようだ。

「治ったら、家に引き取りますか？」

おそらくほとんどの人は、最後まで置いて下さいというのだろうが、弟はきっぱり引き取りたいと答えてくれたようだ。私は、うれしかった。

その病院は、何百人も入院患者がいる大きな病院なのに、不思議な静寂が建物を支配していた。

母のいる棟も静かだったが、ほかはもっと静かだった。ほとんどの人は、昼間からベッドで寝ている。イビキをかいている人もいる。トロンとした目の人もいる。いずれにしても、大声もなければ、話し声も聞こえず、はしゃいでいる人も、廊下を歩く人さえほとんど見かけない。おそらくは、睡眠薬と向精神薬でコントロールされているのだろう。母がいくぶん穏やかになったのも、そのせいだと思う。

こういう病院が存在していることを、私は何といっていいのかわからない。正確に表現すれば、まさに現代の姥捨山である。〝棄老病院〟といいかえてもいい。

しかし、これによって助かっている人がいることも事実だ。昔、友人のWがいった。

「親孝行、親孝行、というけれど、動物の中で親孝行する動物は居るかね？　居るんだったら教えてくれよ。居ないだろう。少くとも僕は知らない。人間だけだよ。教育の力で親孝行を教え込もうとした動物は……。もともと本能じゃないんだから、身につかない奴が出るのは当然さ。きみも、わが子に親孝行を期待したらダメだぜ。あれは本能ではないんだから……」

しみじみそういわれた日のことを忘れない。

子どもにしてみれば、〝親孝行〟を考えないわけではないけれど、自分のことに精一杯で、結果的に棄老する。それは不思議ではないとWはいうのだ。

A病院には、何百人もの老人が居ながら、子や孫の姿はほとんど見かけない。あの病院の不気味な静寂は、Wの言葉の正しさを証明しているのかもしれない。

しかし、この〝棄老病院〟には、意外な効用もあった。まず、母に対する放任である。この病院は、母に対して一切の強制をしなかった。小さな個室で、母は好きなことを、日がな一日、自由にやっていた。向精神薬のサジ加減もうまかったのだろう。入院当時は、「ベッドの上からヒモに吊るした磁石がスルスルと下りてきてネ。私の腕時計をポンと吸いつけて持っていったのよ」

理解不能なことを話していた母が、八か月後（一九九七年五月）には、とにかく退院できる程度にまで回復したのだから、私はA病院には感謝している。

もう一つ、A病院にというか、A病院に入れる決断をしてくれた弟夫婦に感謝していることがある。

それは、母を辺鄙な病院に入れてくれたお蔭で、妹と私はだれに会うこともなく、気兼ねすることもなく、好きな時に、好きなだけ母に会いに行けたことだ。行ってからも、持っていった弁当を母と二人で分けあって食べ、麻里や家政婦に気を遣うこともなくおしゃべりをし、母を車椅子にのせ、あっちこっち引っ張り回し、一緒に陽に当たり、風に吹かれた。夜も、居られるだけ病院に居て、私はタクシーで伊丹空港ホテルに戻って泊まった。妹は妹で、東京から母のところへ通い、母の声をテープに収めることに熱中していたようだ。みんなべつべつに、お互い遠慮することなく、母を独占する時間が持てたという意味で、あの八か月の入院は、貴重な時間だった。

七年間のすべてが暗闇だったわけではない。

雲の切れ目から陽がさしたように明るい風景がわずかながらにある。その一つが、あの辺鄙なA病院の屋上テラスだ。母の車椅子を押し、風に吹かれた思い出だ。

母よ――

淡くかなしきもののふるなり

紫陽花《あぢさゐ》いろのもののふるなり
（中略）
母よ　私の乳母車を押せ

と歌ったのは三好達治だが、私は歌う。

母よ――
淡くやさしき光ふるなり
紫陽色の風が吹くなり

母よ　私はあなたの車椅子を押す

もう一つ。

暗い七年の道のりでそこだけにスポットライトが丸く当たったような空間。

それは、母が倒れてから満二年の一九九八年春。母八十七歳。昔ふうにいうと、八十八歳の誕生日に私たち三人の子どもは全員実家に集まり、母の米寿を祝った。みんなの胸の中に、これが家族でやる最後の祝い事になるだろうという秘めた思いがあった。

そして、その年の暮れの十二月十日。中老の私は関越自動車道を時速一〇〇キロで走っていて、突然一過性脳梗塞を起こす。その日から一年八か月、私は大阪へ行くことも母に会うことも出来なくなった。そしてやっぱりこの時も、中老の娘は、大老の母に自分の事故を知らせることが出来なかったのだ。

介護不安が日本を狂わせる

首から上を除いて、あとは体中の骨が折れたといってもおかしくない〝大交通事故〟だった。生きているほうが不思議な事故だと現場を見たすべての人がいう。確かに高速道路を時速一〇〇キロで走っていたのだから、私自身も生きていたことが不思議である。にもかかわらず、首から上にはかすり傷ひとつ無かった。すべてはエアバッグとシートベルトのお蔭だろう。そして何よりも、自損事故であったことを感謝しなくてはならない。

事故現場の写真は警察から貰ったが、怖くて見られずに、しまい込んでいるうち忘れてしまった。この本を書くために資料棚を整理していたら偶然出てきた。事故から丸六年たっている。

はじめて、じっと見た。見ることが出来た。そこでわかったことが一つ。エアバッグというのは、まっ白だということ。はじめ、ハンドルの上に載って、丸まっている白いシーツのようなものは何だろうと思った。よく考えてみると、エアバッグ以外にあり得ない。そうか。エアバッグというのは、トヨタ「マジェスタ」の場合は白なんだということがわかった。ドライバーとして、エアバッグの色を知ることは、極めて不幸な出来事である。一過性脳梗塞のおかげで、イヤなことを知ってしまった。

いまでも、わからないことが一つ。それは、これだけ毀《こわ》れた車から、どうやって私を引っ張り出してくれたんだろう、ということ。救出してくれたのは、私のずっと後ろを走っていた、新潟ナンバーのトラックの運転手さんだと警察はいった。いまでも私はその人にお会いしていないし、お名前もわからない。

事故のあと四か月半は入院。退院後も、五か月間はリハビリ。その間のことは前著『六十代の幸福』（海竜社）に詳しい。ようやく仕事を始めようと思ったころ、並行して始まっていたのが〝うつ病〟だった。

その〝うつ〟を完全に脱却し、ああ、昔の体力、気力にやっと戻れた、と思ったのは、事故からなんと満五年もたったころだ。外から見ればその間も、私はごく普通に生活していたし、仕事もしていた。しかし、百パーセントの復調でないことは私自身が知っていた。いちばん確かなバロメーターは、私の場合、朝、暗い時間に起きて原稿が書けるか、書けないかだった。事故から満五年たった二〇〇三年十二月ごろから、私は何時であろうと、必要に応じて起き、必要に応じて原稿が書けるようになった。現に、この本の原稿は、すべて、早朝の四時、五時に起きて執筆している。〝うつ〟の時の私は、朝、どんなに頑張っても、七時半にしか起きられなかった。

母に対して申し訳ないと思うのは、一九九八年十二月十日（事故の当日）以来一年八か月、母に私は手紙しか書けなかったことだ。そのころ、すでに母は、電話での応答が出来なくなっていた。手紙だって理解できているかどうかはわからない。自分で字は書けなかったのだから。私の手紙も、麻里に読んでもらうことを前提にして書かなければならなかった。母とのコミュニケーションを確認するには、本当は〝会いに行くこと〟しかなかった。私はその〝会いに行く〟ことが出来ない体であった。中老の悲しさである。

やっと私が母に会いに行けたのは、事故から一年八か月たった二〇〇〇年八月十日のことだった。しかしその日から二年二か月後に、母はもう会えないところへ旅立ってしまうのだ。もちろんその間何回か私は母に会いに行った。そのころは、いつも病院だった。そして、行くたびに悲しい思いをした。いま会いに来ているのが、私であるというのが、わかっているのか、わかっていないのかが、私にわからなかったからだ。

一度だけ、母がはっきりと、

「モエコ」

といってくれたことがあった。

「私、だれか、わかる？」

自分の鼻に人さし指をあてて、ベッドの中の母に私が問いかけた時だった。あの時は、うれしかった。あの声を、私は忘れない。

いつも、ほとんど会話らしい会話はなかった。けれど、帰る時に、母はいつもいった。

「もう、帰るの？」

それは、私に向かっていっているというより、だれであれ、母はそういいたいという感じの言葉だった。さびしかったのだ。人間が生きている、生存それ自体のさびしさといった方が的確だろうか。いつだったか、母の手紙に書かれていた「誰もが通る道をただ一人、ぼそぼそ歩くことの悲しさ。これが人生の最後というものでしょうね」というあのさびしさ。だれでもいい、だれかそばに居てくれ！　母の悲鳴のようなものが聞こえる。母は独りが怖かった。それがわかるだけに、私は、その言葉をきくのが辛かった。いつもいつも別れにくかった。いつもいつも、後ろ髪を引かれる思いだった。

「もう、帰るの？」

お母さん。いわないで！

そう思うけれど、母はいつもいった。

「もう、帰るの？」

その時の母の悲しい目の色と声が、いまも、耳の奥に残っている。

母を見舞いに行けなくなって一年たったころだった。

ミレニアムの年のはじめ、私は気にかかる身上相談をたて続けに三つ受けた。一つは、そのころレギュラーでやっていた学芸通信社の身上相談だ。これは全国の地方新聞に配信されていた。もう五年も前のことだ。ほとんど覚えている人はいないだろう。再録してみる。

七十五歳の女性です。

四十七歳の長男との関係が疎遠になり、将来が心配です。二男は十年前に姿をくらまし、私の肉親は長男のみです。今のところ、夫は健在ですが、夫に先立たれたら、長男だけが頼りです。

ところが長男は車で二時間の近いところに住んでいるにもかかわらず、盆も正月も帰ってきません。嫁の母親が一人暮らしで、毎日夕食を息子夫婦とともにしていることを思うと、私は寂しく感じないわけにはいきません。私としては、親の務めとして、孫が学校に上がるたびにお祝いを送ったり、大学入学の時も主人に内証で二十万円も贈り、成人式のお祝いもしました。

毎年暮れになると「今年こそは帰ってきてネ」と電話をかけ、手紙も出すのですが、私の願いは届いていないようです。そのくせお歳暮だけはお義理のように届くので、ついに腹を立て「長男の自覚のないお前には愛想がつきた」という手紙を出してしまいました。

それ以来、電話一つもありません。息子の気持を私たちに向けるにはどうしたらよいのでしょうか。

もう一つは、旧い友人、下田桂子の相談だった。

下田桂子には二人の娘がいる。長女は結婚して外国で暮らしている。次女も結婚して同じ町の賃貸住宅に住んでいる。桂子の夫は地道なサラリーマンだった。夫婦で努力して定年までに、住んでいる家と、アパート用の土地を、近所に買った。いまは年金で下田夫婦はつつましく暮らしている。

最近、次女夫婦から、そのアパート用の土地に、自分たちの家を建てさせてほしいという申入れがあった。

「断ると、いくら親子でもしこりが残るでしょう?」

桂子は私にいう。「二人は外国に居るし、いざという時、世話になるのは、近くに住んでる次女夫婦かなァと思うと、ムゲには断れなくって……」

「でも、その土地は、あなたたちが死んだら、娘さん二人が相続する財産でしょ。いくら外国に居たって、長女にも権利はあるのよ。次女が家を建てようと思ったら、まず長女の承諾がいりますよ」

と私。すると桂子は少し唇を尖らせた。

「そんなことより、そもそもは私たちが老後の不安にそなえて買った土地なのよ。夫婦どちらが〝十年寝たきり〟の長患いをするかわからないじゃない。いざという時には、売ってピンチをしのごうとか、アパートでも建てて、老後のゆとりに当てたいとか……」

その通りだろうと私も思う。そもそも、桂子の娘は家を持とうという時に、親の土地や、親の金を当てにする根性自体が間違っているではないか。それともひょっとすると、桂子の親が金持で、親から金を出してもらって、あの家と土地を手に入れたのかしら。だったら、次女の根性をいちがいに間違っているとはいえないけれど……。そのことを桂子にただすと、

「とんでもない！　私は昭和七年生まれよ。きょうだいは夫は六人、私は四人。あの戦争と敗戦で、家は焼けるし、父親は戦死する……。財産なんて、ビタ一文、親から貰えるわけ、ないでしょうが……。みんなみんな、小さな庭の松の木一本だって、全部自分たちで働いて、そして買ったのよ。私、それを、べつに不運だとは思ってない。本来、自分の家は自力で作る。それは、当り前のことですから……」

普段おとなしい桂子が、珍しく一気にまくしたてた。かえって、私がなだめる立場になる。

「自然界を見てごらんよ。自分が子を産み、育てる場所を、親に作ってもらう動物が一匹でもいますか？　自分の巣は自分で作る。それは自然界の鉄則です。次女さんの申し出は、お断りしなさい。それに、家とか金というものは、独力で作ってこそ、しあわせが味わえるんです。親から金を出してもらった家なんか、〝なんだ、あの親、ケチ野郎。もう一千万出し

てくれれば三ＬＤＫが買えたのに……〟。そんなもんですよ。不満は残っても、幸福は味わえないのですからネ……」

しかし、桂子は結局、次女に負けた。私がそれを残念がると、

「〝老い〟の弱味よ。どんな死に方になるかわからないんですもの……。次女に保険をかけたつもりです」

歯切れの悪い答え方をした。

下田桂子も、基本的には、孫の入学祝いや成人祝いを、無理して沢山送っている身上相談のあの女性と変わらないではないか。そして、それは、日本の若者にとって、いいことなんだろうか。教育問題に関心が強い私としては、そういう親の態度が日本の若者と日本の将来をダメにしていると思う。憂いは深くなる。

もう一つの相談は、私より十歳若い友人の高橋友子からだった。

友子の下の娘が結婚することになり、新居のマンションを若い二人が見に行った。

「気に入ったのが、一戸だけあったの。でもそれだと、頭金がどうしても一千万円必要になる。でないと、私たち、あとのローンがやっていけないの。不動産屋さんがいうのよね。両方のご両親に、それぞれ五百万円ずつ出してもらえばいいじゃないですか。いまどき、みんなそうですよ……って」

マンション探しから帰ってきた娘が、友子にそういったという。

「ほんとかしら？　ほんとに、みんな、親が子どものマンションの頭金を出すのかしら。そりゃ、私だって五百万円が無いわけじゃないですよ。でも、おかしいんじゃない。私たちは、年とってから、子どもに迷惑をかけたくない。自分たちのことは、自分たちでやろうと思い、爪に火をともし、老後のお金をためてきたのよ。それをたとえば、いま子どものマンションに用立てたとして、私にお金が無くなった時、それでは子どもが面倒みてくれるのかしら。残念だけど、いまの子はそんな子どもじゃないわよね。親から金を持っていくことはしても、親に金を出してあげようなんていう子はいないんじゃないですか。だったら、親は、自分の身は自分で守るしかないでしょ。俵さん。どう思う？」

　私はいつだったか聞いた「親孝行は本能ではない」というWの話を友子にした。しばらく考えて友子がいった。

「それでわかったわ。親が子を愛するのは本能だけど、子が親を愛するのは本能ではない。親は子のために死ねるけど、子は親のために死ねないんだ。それが自然なんだ。わかりました。それでは私は、まず、自分で自分を守ることから始めます」

　にもかかわらず、半年後、高橋友子は、やっぱり娘に、マンションの頭金を出してやったと私に報告した。どうしてなの、ときいた。

「だって、息子は転勤族だもの。そばに居る者に恩を売っておいたほうがいいかなと思って……」

と答えた。私は首をひねる。そういう理由で金を出すことが、ほんとうに若い二人のためになることなのか。若い二人は、それを生涯、恩に着るのだろうか。五百万円ではなく、三千万出してくれた親もいると思うことはないのだろうか。

娘と母には、遠慮がない。だから、かえってうまくいかない時があるということを、友子は知っているのだろうか。


それから二年半たって、私は「文藝春秋」(二〇〇二年六月号)で胸のすくような一文を読む。

東京学芸大学助教授・山田昌弘の「七〇歳が日本をダメにした⁉」という文章だ。山田昌弘の論旨は、覚えている人が多いと思うが、簡単に紹介すると、こういうことだ。


いまの七十歳前後(昭和ヒトケタ世代)は、日本の歴史の中で、はじめて出現した「豊かで自立した高齢者」だ。確かに戦争で苦労し、無一物になった世代だが、戦後日本のフロントランナーとして、いまの日本を作りあげ、バブル崩壊寸前にリタイアした。日本人全平均の持ち家率は六割だが、彼らは九割である。貯金は平均二千三百万円。その上いまの日本ではいちばんリスクのない年金という収入を持っている。

地価の高騰で、住宅取得に苦労はしたが、年功序列、終身雇用が保証されたのでなんとかローンは完済し、リストラ直前をすり抜けて定年になった。企業年金を含めて、いまのところ安泰の年金を生涯受けとれる最後の世代になるだろう。

この世代の特徴は、三つある。(1)子どもには、自分がしたような苦労はさせたくない、(2)子どもには遺産を残したいが、公共のために金は出したくない、(3)介護不安を強く持っているため、介護する子に相当の対価を用意しておきたい。

その結果、この世代はパラサイト・シングルの罠に陥ったのだと山田氏は分析し、パラサイトを自立させるためには、アメリカやイギリスのように、

「自分たちが苦労してここまでやってきたから、自分の子どもにも同じ苦労をさせなければ彼らは一人前にならない」

そういうヒトケタ世代が考えないと日本社会はダメになると山田は警告する。

こういう世代論は、一般論であり、つねに例外はたくさんある。私のように、男のサラリーマン社会からはじき飛ばされた女はいったいどうなるのですか。ヒトケタが貯えた二千三百万円は、金利ゼロとペイオフで、風前の灯ではありませんか。いろいろ意見はあるが、大局として山田の指摘は正しい。当たってもいる。

彼がこの文章を書く二年半前、私が直面した三つの身上相談とその結末は、まさに山田が

指摘したことを証明しているではないか。

山田の論文に対して、二か月後の同誌八月号では、ジャーナリストの徳岡孝夫（私と同い年）が山田に反論している

〈我ら七〇歳、文句あっか⁉〉

この論文も面白かった。徳岡は、七十歳がわが子を助けるのは、甘やかしではなく、税制が悪いのだと反論しながら、最後の一句がよかった。

〈不惑負うて古稀の峠を越えかねる〉

私の不安は的中し、世の中はすでにパラサイト・シングルの時代からニートの時代に突入している。少子化、そして年金崩壊という日本の危機にも直面しているではないか。パラサイト・シングルの宿主になっている七十歳は、それではどうすればいいのか。私たち七十歳は、そのことを考えなくてはならぬ。

私の両親は明治生まれだが、サラリーマン人生を余儀なくされ、一足お先に「豊かで自立した高齢者」になった〝例外的存在〟だ。しかし、周囲はそのまま古い日本社会だった。彼らの頭も古かった。その結果、母は決してしあわせな病み方が出来なかった。だとすれば、私は何をどうすればいいのか。〝うつ〟の中でしきりに私は考え込むようになった。

中老の事故の前後から、母はしばしば肺炎を起こした。近くのT・W病院へ救急車で入退院を繰り返す。その病院は、母が点滴をはずしたり、酸素マスクをはずすという理由で、片手、片足をベッドに縛る病院だった。

T・W病院への入院を重ねるたびに、母の顔から表情というものが消えてゆき、テレビも見なくなり、おむつをつけ、食事はペーストになり、一日中天井をながめるだけの人になっていった。

二〇〇〇年四月。介護保険制度と成年後見制度がスタートする。母が病んで満四年たっていた。

ある日私が、

「介護保険を申請してみたら?」

大阪の弟に電話すると、

「それでなくても、気むずかしい人やろう。家政婦さんも、なかなか続かない。そんな人が、午前と午後に入れかわるヘルパーさんに順応できるやろか。パニックを起こしてまうで……」

と消極的だ。

しかし一年くらいたってやっぱり利用してみようかという話になる。麻里が役所へ聞きにいってくれた。

申請すると、すぐ母は「要介護5」に認定され、さまざまなサービスを利用することになった。そのころの母は、気むずかしいことをいう気力と体力がもう無くなっていたのだろうか。案に相違して大きな問題は起きなかった。

——〝アトノ祭リヨ〟といいたくないが……——

麻里が母のおむつを替えるようになった頃から、私は、（じゃァ、私はだれに替えてもらえばいいのだろう）しきりに考えるようになった。

中老には夫がいない。娘と息子はいる。そのどちらのおむつも私がとり替えたけれど、その反対はいやだ。ごめん蒙りたい。もちろん、彼と彼女もいやだというだろう。とりわけ、息子はいやだ。いま、彼はパラサイト・シングル中だが、うまくいって、結婚し、めでたく自立したとする。世間がよくいう〝長男の嫁〟、つまり息子の妻はいかがなものか。

——困ったことに、私はそれもいやなのだ。あれもいやだ、これもいやだ、なのである。

あまり、うれしい想像ではないが、必死でイメージを考える。結局、いちばん抵抗が少いイメージは、プロの方々である。つまりお金を払う関係がいい。私もいいが、相手も、きっとそうだろう。金というのは、そういう時に、割り切ることの出来る、アリガターイ存在なのである。

母も、そうすればよかったのではないか。嫁に全面降伏し、おむつを替えていただくのも〝人生、一つの結着のつけ方〟である。しかし別の方法もある。最後まで家、屋敷、茶道具、毎月三十一万円の年金、何がしかの貯えを有効に駆使し、上手に使い切り、プロたちのお世話になりながら誇り高く死んでいく——。そういう選択肢もあり得たのではないか。少くとも経済的には、あり得たと私は診断する。

けれども、そういう生き方を選択するには、母はあまりに遅過ぎた。かりにもし、その選択をするのなら、

「萠子さん。どうしよう。いまはいいわよ。体が動くから……。でも、動かなくなったら、私はどうしよう」

あのテープレコーダー時代が、母のラストチャンスだったのではないか。

あの時代の日本は、まだいまのように、老人の生き方、施設、住み方の選択肢が豊富ではなかった。いまだって、決して十分ではない。あの時代はもっと少かった。福祉としての施設と、金持用の実験的老人ホームが二極分化していた。団体生活のきらいな母が入るとしたら、金持用の自由なホームだったろう。当時はバブルのまっただ中であり、上手に家屋敷と資産を処分すれば、それに手が届かないことはなかったと思う。しかし、テープレコーダー

時代の母に、そんな大規模な経済プロジェクトを独力でやってのける知力と体力が残っていたとは思えない。

限られた資産の中で、いちばん自分の美意識に合うラストステージを生きたいと考えたら、〝元気な第三者の助っ人〞を、あらかじめ依頼しておいた方がいいのではないか。母のラストステージを見ていて、つくづくそう思うようになった。

わかりやすくいえば、老いぼれ、ぼけてしまってからでは、自分の金があってもやりたいことがやれなくなる、という意味だ。

なぜ「第三者の助っ人」なのか。

子どもや孫やきょうだいや親戚は、利害関係者だからだ。自分の資産を、心理的な圧力を感じないで自由に処分するためには、利害関係者を入れないほうがいい。千葉県鴨川市であったか、海辺のゴージャスな老人ホームに住んでいる金持老夫婦が、先日、十億円を、ポンと日本赤十字社に寄付したというニュースがあった。この人は、実子が居なかったから、さぞかし、きょうだい、親戚から、心理的な圧力を感じていたことだろう。こういう人が、心のまま、ほんとうに自由に、資産を処理するためには、自分の心と頭と体が元気なうちに、方針を決めておかなくてはならない。それを公正証書や遺言状にしておき、自分のかわりに実行してくれる第三者も同時に決めておかなくてはならない。

たぶんあの夫婦は、もう十分、その準備は出来ていて、それでも余る十億円を、生きているうちに寄付されたのだろう。

われわれ普通人は通常、金が余るということはあまりない。逆に足りない金をやりくりするために〝心と頭と体の健康〟が必要だ。倒れた後の母には、もうその三つは三つとも無くなっている。そうなる前に、決めておくべきだった。死んでからのことではない。生きている間、病んでいる間の自分の意志や希望を紙に書いておくべきだった。公平な第三者の後見人も決定しておくべきだった。

そんなことを考え始めた頃、目にとまったのが成年後見法である。二〇〇〇年四月介護保険制度と同時に施行された法律だ。大阪へも行けない。〝うつ状態〟のまっただ中。そんな時、私は成年後見法に注目していた。母のこともあったが、中老自身の問題でもあった。六十八歳の時、白昼、高速道路で大交通事故。自損事故で、死にそびれた私。もしあの瞬間死んでいたら〝あとは野となれ、山となれ〟になってしまった。そのあとの一年間は歩くこともままならない。当然、心も、頭も、体も低レベルにあり、不自由であり、私にとって、人生最悪の時間だった。家の中にも身の置きどころがない。外へも出て行けない。もちろん仕事の世界にはまだ復帰していない。私を囲む人間関係があの時期変貌した。私が再起できないことを考える人とひたすら再起を願って応援してくれる人とがくっきり二つに分かれていった。

〈地獄を見た〉

とは、たぶんあの時のことをいうのだろう。人生は、いつ、何があるか、まったくわからない。まさにそのことを経験した私は、さすがに「病んだ時、死の時、死後のこと」を準備しておく必要性を痛感した。

手当たり次第に本を読みはじめた。

中でとくに印象に残った本をあげる。成年後見制度の大切さにはじめて気づかせてくれたのは弁護士・中山二基子の『老いじたくは「財産管理」から――新「成年後見制度」を活かして安心な老後を』（文藝春秋）だった。あの本を読んで、そうか、いま私がはじめなくては……と思っていることは〝老いじたく〞なのか、と気がついた。折しも、私、六十九歳。その老いじたくをしておかなかったから、あの降って湧いた大交通事故にあわてふためいたのだ。私の周囲の人々をもあわてさせてしまった。本と人との出会いは面白い。もし、私に六十八歳の大交通事故がなく、母のかなしい七年がなければ、いまでも私は老いじたくになんか気がつかなかったかもしれない。

老いぼれてからでも、ドラ息子やバカ娘と戦う方法があるということを知ったのは、やはり弁護士・木村晋介の『遺言状を書いてみる』（ちくま新書）のお蔭だ。それまで私は現民法では勘当という制度が無くなったし、遺留分という制度があるから、どんなにひどい、たとえば金属バットで親を殴り殺した息子でも、相続から排除することは出来ないのかと思っていたのだ。

ところがこの本には、そんなことはないと書いてあった。つまり、こんな遺言状を書いておけば、親は子どもに復讐できるのだそうだ。

遺言状

一、三男・甲川三太を相続から廃除する。
右の者は、遺言者がたびたびその態度を改めるよう親として忠告したにもかかわらず放蕩三昧をつづけ、忠告をいれないばかりか、かえって私を罵倒し、本年五月二〇日に至っては、私にむかって「じじい早くくたばれ」とののしりながら、やかんを投げつけるなどの暴行に及んでいる。
よって、右のとおり遺言するものである。
二、本遺言の執行者として、事情を良く知る友人の東京都新宿区新宿〇丁目△番×号、乙田三吉を指定する。

平成一二年一二月一〇日

遺言者　　甲川太一郎㊞

（一九六ページ）

なるほどそうか、と思ったのだが、母のように、電話がかけられず、字が書けなくなった場合はどうすればいいのだろう。それはこの本には書いてなかった。

そのころから私が興味を持ちはじめた〝老人虐待〟というものに対して、こういう遺言状、または公正証書は、どのような効力を持ち得るのだろうか。やっぱり、老人虐待防止法というものを作って「老人虐待一一〇番」を設置しなければダメなのだろうか。いや、いまは、介護保険のお蔭でヘルパーさんが出入りする。ヘルパーさんの力を借りれば、弁護士や公証人とひそかに連絡をつけてもらうことも出来る。いまの制度でも絶対不可能というわけではない。しかし、その前に、ヤカンを投げつけられたおじいさんを、どうやって救出するかだ。そのほうが急務だ。それにはやっぱり、老人虐待防止法があったほうがいいのか。

次に、参考になったのは、私の友人でもある松島如戒の『死ぬ前に決めておくこと――葬儀・お墓と生前契約』（岩波アクティブ新書）だった。

松島とは、古いつきあいである。

松島が私淑していた磯村英一の縁で、松島が事務局長をしている共同墓「もやいの碑」に、私も入る予定になっている。つまり私はもやいの会の会員だ。

その松島が、ＬｉＳＳ（日本生前契約等決済機構）というＮＰＯ法人をつくった。私が中山二基子の本で勉強した成年後見制度を使って、一人の人間の生前、死、死後の人生をサポートする仕事だ。

この法人は一種のベンチャー企業みたいなものだから、少々話を聞いたくらいでは理解できない。松島から「つまり、家族のかわりをつとめる仕事なのですよ」何度かそうきいたけれど、いまいちピンとこなかった。この本を読んでようやく松島の仕事が理解できた。

ちょうどそのころ、私の群馬県赤城山の陶芸教室の生徒・宮下よし子がお墓のことで悩んでいた。彼女は元看護師で、バリバリのキャリアウーマン。大きな公立病院の総婦長も勤め、定年になった人だ。夫は居るけれど、子どもが居ない。自分の墓のことを心配していた。

「私も入会してるんだけど、共同墓というのはどう？　さっぱりしていていいわよ。勉強会があるから、行ってみない？」

彼女を誘った。

共同墓の勉強会というより、生前契約ＬｉＳＳの説明会だったが、どうせ講師は、両方の責任者である松島如戒である。共同墓「もやいの碑」についても、質問すれば答えてくれるだろう。それに、彼女の場合は、生前契約についても知っておいたほうがいい。ちょうど私も、生前契約や成年後見制度について、もっと勉強しようと思っている矢先だった。私も彼女と一緒に行くことにした。

二〇〇一年の十一月、はじめて、宮下よし子と私は勉強会に出席した。

東京・九段の古びたビルの最上階で、その会は毎月開かれているらしい。さして広くない部屋に、いつも五、六十人の高齢者が集まっていた。〝死に方〟というか〝老いじたく〟の話をきくなら、もっとゴージャスで、楽しい雰囲気がいいと私は思うのだが、殺風景な部屋だった。しかし、集まっている人はそれに頓着しない様子で、熱心にメモをとっている。私もとった。

たまたま二度目の説明会の時の、私のメモを見る。

「遺体はモノである。霊柩車は貨物ナンバーである」

「六十年分の人生の片づけを、残された貴重な時間の中でやるのはもったいない――という人がいる。当NPOに死後の片づけを〝生前契約〟で依頼したいとおっしゃった。つい最近、二百万円でその方の死後の後片づけを引き受ける契約が成立した」

「〝死に顔〟をだれにも見られたくない人には、棺の蓋を開けないという契約も出来ます」

「関西の火葬場では、収骨をしない自由が認められているが、関東はダメ」

まだまだ、私にとってはじめて聞く面白い（？）話はたくさんあったのだが、以下は省略。

講義のあと、質疑応答になる。

まっ先に手を挙げたのは七十代の男性だ。

「生前契約をする時に、ふだん疎縁の親族にも了解をとることが必要ですか？」

この人は、子どものいない人なのだろう。きょうだいか、甥か姪か知らないが、ふだん何のつきあいもない親戚に、私はこういう遺言状を書きますよ、生前契約しますよ、と通知することが必要かときいている。

「いいえ。必要ではありません。すべて、あなたのご自由です。私どもは親族が居ないとおっしゃれば、おっしゃった通りに受けとるだけです。調査はいたしません」

事務局長は淡々と答える。

「子どもの了解はどうですか？」

ときいたのは七十代という感じの女性だ。

「もちろん、お子さまの了解をとる必要もございません」

この女性には、たぶん子どもがいるのだろう。

さまざまな立場の人が、さまざまな質問をしているうちに、私も一つ聞きたくなって、手を挙げた。

「子どもにも、親戚にも通告しないで、まったく自由に契約が出来ることはわかったんですけれど、たとえば、親の面倒を見ないというか、時には精神的に虐待をする子に対して、遺産は何ひとつやらない――という遺言を残したり、葬式をするなという契約を結んだりした場合、あとで、子どもや親戚がもめて、ＮＰＯが困るということはないのですか」

かねがね気になっていたことを質問した時だ。突然後方の男性から大きな声でヤジが飛んだ。

〈アトノ祭リヨ！〉

そのあとに〝ザマーミヤガレ！〟という言葉が続くような気がした。掃いて捨てる感じのヤジだったからだ。

振り返ると、その人も七十代らしい男性だった。太った体に、着物が板についている。カップクのいい商店主という感じだ。その人に私は何もきかなかったが、家業を継ぐか、継がないか、あるいは子どもの行状について、はげしい親子の対立があったのだろう。彼はひとりで結着をつけるため、いまこの会場に来ている。きっとそうだろうと思った。

親子、家族の深くて黒い闇を覗いた思いだ。

〈アトノ祭リヨ！〉

あの暗い声は、この本の取材の最後の最後まで、私の耳にとりついていた。そしていつも思った。きっと、あのカップクのいい商店主の男性の隠されたもう一つの声は、

〈本当ハアトノ祭リヨ、ナンテイイタクナイノダ！〉

という悲鳴に似た声であるだろう。あの男性は、まだ元気だろうか。あの声を聞いた日から、もう三年が経過している。

――ホネは拾わなくてもいい？――

三、四回説明会に出席して、多少勉強したあと、意を決してＬｉＳＳに、生前契約のための面会を申し込んだ。なぜだかわからないが、妙に気持が重い。

顔馴染みのアドバイザーの女性が、奥の部屋から出てきてくれた。お蔭で少しホッとしたのだけれど、やっぱり気持は前に進まない。そのうち私の葬式観の話になった。

「どんな葬式をお望みですか？」

アドバイザーの黒田節子が、やさしいほほえみをたたえて、私の顔を覗き込んだ。

「私はすでに、松島さんがお作りになった共同墓〝もやいの碑〟の会員になっています」

「ええ。存じ上げています。でも、あそこには、すべての〝お骨〟は入りません。だいたい、お骨の全量の六分の一くらいですか。だから、残りのお骨は、どのようになさいますか？」

それについて、以前私は、漠然と散骨したらいいのではないかと思っていた。だが、松島如戒の著書を読むと、こんなに有害物質が自然界、食物に蔓延している以上、骨の中にも当然有害物質が沈積している。たとえば、ダイオキシンや六価クロムなどは、相当量、遺骨の中から検出出来るのではないか。そういう骨を、山野や、海中に撒き散らすことは、あらたな公害を作り出すことだと書いてあった。

（その通りだなァ……）

素直にそう思った私は、以来、散骨には消極的になった。というより、いったい、どうしたらいいのか、わからなくなってしまったのだ。

という話をすると、

「だったら、一切、骨を引きとらないという方法もございますよ」

アドバイザーの黒田節子がいった。

「ああ、先日の説明会の時に、おっしゃっていましたね。でも、あれは、関西の焼き場のお話でしょ。関東はすべての骨を引きとらなくてはならないとおっしゃいましたね」

「ところが、一か所だけ、例外があるんです。湘南の方です。東京からですとちょっと遠いですけれど、そこだけは、遺骨を引きとらない自由を認めています。そこまで遺体を搬送してもらえばいいんです」

「へえ……」

「お骨を引きとるか、引きとらないか。じつは、これが、重大なことなんです。極端ないい方をしますと、骨さえなければ、葬式もいらない、墓もいらないということになりますでしょう」

話の意外な展開に、私はただ呆然とするばかり。黒田節子は、むしろ楽しそうにつづける。

「それに俵さんは、焼きものをなさるんでしたね。散骨がいやだとおっしゃるんでしたら、骨灰を入れて、焼きものの〝萠子観音〟を作るとか……、そういうことは考えられませんか？」

「はァ？」

「もちろん、法的な検討は必要ですが……」

「でも、私が、私の骨で観音様を作るのは無理です。私は死んでいるのですから……」

珍妙な会話になってきた。思わず私は噴き出し、黒田も笑った。

「そりゃ、そうです。ごもっともです。ですから、お弟子さんに作ってもらうように遺言状を書いておくとか……」

「ふーん」

私は群馬県赤城山麓にある窯場（といっても火葬用の窯ではない。焼きものの方だ）のスタッフや、生徒の顔を、一人一人思い浮かべていった。とても私の骨で、「萠子観音」を作ってくれそうな人物は思い当たらない。しばらく沈黙を続けたあと、私は彼女にいった。

「確かにね、焼きものの種類の中には〝ボーンチャイナ〟といいましてね。骨粉を入れて作る高級な焼きものがあります。ヨーロッパが発祥の地です。でも、それが、ウシなのか、ウマなのか、何の骨を入れて作るのか、じつは不勉強で私はそこまで知りません。調べたり、考えたりしてから、また出直してまいります。ごめんなさい。貴重なお時間をいただいたのに、何だかきょうは頭が混乱して……。いままで、聞いたことも、考えたこともなかったお話で……」

いや、実際、私は頭の中がすっかり混乱していた。いの一から考え直す必要がありそうだった。

私の陶芸教室では、最終的な目標を、自分の骨壺を作ることに置いている。私自身も、その目標に向かって、いまも修業中である。すでに自分用の骨壺を十数個作ったけれど、いまだに、百パーセント満足する骨壺は出来ていない。出来ていないどころか、私自身の考え方が少しずつ変化してきている。

いまもなお悩んでいる。はじめのころは、自分専用の骨壺を作ればいいと思っていた。が、最近は愛犬「俵くに子」と一緒の骨壺にしようかと思いはじめた。拾った犬だが、赤城の山野で十年以上、寄り添って生きてきた。私の老年を、一番知っている犬だ。死んでからだって一緒に居るのが自然なような気がする。しかしもし、そうするとなれば、かなり大きい、バケツのような骨壺を作らなくてはならない。造形的にそれはみっともないし……。場所はとるし……。心は千々に乱れている最中だ。

そこへ、今度は、「骨を受けとらなければ、すべてはすっきりする」という骨壺自身を否定する新説の登場である。ちょっとまァお待ち下さい。考えさせて下さい……ということになった。

十日ぐらい、ひとりで考えていただろうか。ある日、気がついた。葬式というものは、自分のためのものでもあるが、遺族のためのものでもある。いくら、すべてを主体的に、自由に、といっても、多少は家族の意見を聞いてみる必要もあるだろう。まずは同じ屋根の下にいる息子の意見を聞いてみることにした。

「ママの骨は、どうしようか。焼き場で焼いてもらったあと、引きとらない——という方法があるんだって」

「ウソッ！」

と彼はいった。

「ううん。本当だって……」

朝食のパンを齧《かじ》りながら、関西と関東の不思議な違いについてまで話したのだが、息子は無言で聞くばかり。やがて出かける寸前にこういった。

「ホネぐらい、子どもの自由にさせてくれよな。もう……」

そういい捨てて息子が出ていったあと、私は再び考え込んだ。

〈いったいホネの所有権は、だれにあるんだろう。私なのか、子どもなのか、いや、世間風にいうなら伴侶なのか、親がいる場合は、親にも所有権があるのだろうか……〉

そのあと、娘にも電話をかけて意見をきく。

「べつに、ママの骨なんて欲しくないわよ。どうぞご自由に。でも、ママのノドチンコでペンダントを作るなんていうのも、面白いかもねえ……」

子どもによって、感じ方、受けとり方はかなり違うようであった。

小骨がノドにつっかえたような日々が続いた。

〈ホネは、だれのものか？〉

という問いが、いつも頭の隅っこに引っかかっていた。

ある日、たまたま弁護士の友人と食事した時、思い出してきいてみると、

「所有権は、キミさ。執行権はおたくの場合は、コドモさんでしょ」

「じゃァ、決定権は？」

「そりゃ、あなたですよ」

と彼はいう。

そうか。やっぱり、私か。じゃァ、自分で考えなければいけないんだ。しかし私はそれから三年たったいまも、まだ答えを出していない。日々に追われて「ホネをどうするか」とキリキリ考えるひまがなかった。いや、それは単純に締切りがないと原稿が書けない、あの理

屈と同じだったのだろうか。ホネに限らず、老いじたくは、どうしても〝締切りのない原稿〟になりがちだ。そしてそれが諸悪の根源になるかもしれないのだ。

第三章　母の着物に抱かれるしあわせ

――人は老いると、どんなことが起こるか――

もう一つ、老いじたくに〝結論が出せない〟理由として反省したのは、あまりに私が、老いや病いや死や死後に対して無知だということだった。無知だから、〝私はこうする〟という方針が少しも出てこない。

(もっと勉強しなけりゃ、ダメだわ……)

乳癌になった時も、同じだった。インフォームド・コンセントなんていわれても、あと二か月に迫った個展出品作品のデザインや窯のたき方で頭は一杯。〝癌〟という文字は、私の頭の中には存在しなかった。告知されてからあわてたの、なんの。まず、人体の解剖図から眺めないと、大胸筋、小胸筋というのがどこにあるのかもわからなかった。

年をとると、忙しい。自分の専門分野以外の大胸筋、小胸筋を、突然勉強する必要が生じたり、ホネがだれのもので、関東と関西では、どうしてそんな重大なことが違うのか、焼き場の監督官庁はどこだ、法律は何なのか、いままで考えたこともないことを考えなくてはならない。

そのたびに、インターネットではなく、八重洲ブックセンターに走ろうとする自分の習性を、どうすれば改造できるのだろうか。

やっぱり、そうか。人生の入口で、私たちは学校へ行って勉強するように、人生の出口の手前でも、いま一度勉強する必要があるのかもしれない。そういうのを「老年学」というのかなァ。同じやるなら、楽しく「老年学」をやろうぜと思い立った。

以前、教育問題を一緒にやった渡辺法子が、静岡県富士市で、最近は介護サービスとグループホームをやっている。ＮＰＯ制度が出来る前からだ。そこへ行って勉強させてもらうことにした。雑誌の取材で都内のグループホームを訪ねたことはあるが、チラッと覗いたくらいでは何もわからない。今度は泊まりがけだ。

教育改革でともに闘った同志の渡辺は、いつの間にか老人介護の専門家になっていた。

二〇〇二年二月の時点で、彼女はＮＰＯ法人三心会を立ち上げ、在宅介護サービスをやっていた。静岡県で第一号のグループホーム「菜の花」に加えて、新しい「さくら草」も経営していた。後に「フリースペース陽だまり」がさらに増え、グループホームやデイサービスのほかに、いまでは不登校や引きこもりの若者も預かっているという。近々私は、新しいフリースペースも覗きに行きたいと思っている。

「菜の花」と「さくら草」、二つのグループホームには、その時、合計八人のお年寄りがいた。八十四歳から九十四歳まで。男性二人、女性六人。ご存じと思うが、グループホームは、ほかの施設では受け入れてくれない痴呆（最近は認知症という）のある老人の、小規模ホームといえばいいだろうか。国の規定で人数は九人までと定められている。それこそ、自分の家を改造し、九つの個室を作り、キッチンや食堂を国の規格に合わせれば、あなただってグループホームを開くことが出来る。改造には、公的な補助金も出る。小規模で、家庭的な老人ホームだといっていいだろう。

「老年学」の勉強で、最初にグループホームを選んだことは、あとになって考えると、まことに正解であった。しかも渡辺の計らいで、一人一人の入居者から、じっくり、ゆっくり、泊まりがけで話を聞けたことがよかった。おかげで〝老い〟に対する私の目は、パッチリ見開いたのである。

〈人は、老いると、どんなことが起きるのか〉

以下は、二人の入居者から私が直接聞いたとおりの話と、亡くなったCさんについて理事長の渡辺が語った思い出話を、忠実に再現したものだ。

◎Aさん　女性。夫と息子は死亡。八十八歳。要介護度1。沼津市出身。

私は、いくつになるんでしょうかねえ。九十くらいになるのかなァ。

――ご家族は？（私の質問）

いますよ。家に主人と息子と嫁や孫がいますよ（俵註・夫も息子も、すでに亡くなっている）。

姑と私たち夫婦は、一所懸命働いて家を建てたの（でも、税金のことを考えて、家は息子さんの名義にしたらしいですよ。その息子さんが若死にしたんです。――ホームの職員の話）。嫁は学校の先生なの。私は近所の人に〝いいとこへ行こう〟と誘われてここに来て、そして置いていかれたの。嫁は一度もここへ来ない。あの〝オタフクめが！〟。でも、私には娘がいてね。その娘の電話番号がやっとわかってねぇ。来てくれたの。娘が……。私はなんで、ここにいるんだか……よくわかんねぇ。

（ホーム職員の補足説明――Aさんはお嫁さんに年金を押さえられている。お嫁さんは姑がここにいることを、たった一人の娘さんにずっと教えなかった。ホームからやっと娘さんに連絡がついて、彼女は喜んでやって来た。だが、自分が時々来ることを、お嫁さんには内緒にしておいて欲しいと懇願する。バレるとお嫁さんから、このホームの費用をお前が支払えといわれるので……）

◎Bさん　女性。夫と息子は死亡。九十四歳。要介護度1。横浜市出身。

私は医者だった主人が亡くなったあと、一人息子をC型肝炎で亡くしましたの。いま三十歳の男の孫が一人います。息子が亡くなったあと家を建て直しまして、二世帯住宅に致しました。土地は私名義ですが、家は建て直した時、孫の名義にしておきました。このホームにまいりましたのは、私の意志ではございませんの。私、趣味でちぎり絵をやっておりましてね。昨年九月、嫁と孫が、ちぎり絵を教えてくれるところがあるから行こうと、私を騙して車で連れてこられたんざんす。そしてそれっきり、迎えに来ないんざんすよ。私がホームの職員に〝帰りたい〟といいますと、「契約がしてあるからダメ」といわれます。一人で帰ろうとすると「規則があるから、一人では帰せない」とおっしゃいます。

私、先月はじめ、医師の検査を受けました。全部白でした。精神的にも白でした。ぜんぜん、ボケてないんざんすよ。

私、横浜生まれ、横浜育ちです。こんな田舎で死ぬ気などございませんの。私、帰りたい。ぜったい、横浜へ帰りたい。俵センセイ、助けて下さい。私はセンセイをテレビで見て、ずっと共感しておりました。

でも私、家を出る時、一銭も持たずに来ちゃったんざんす。通帳も実印も、全部持たないで車に乗ってしまったんざんす。

明治生まれってダメでございますね。世間知らずでございました。

◎Cさん　女性。静岡市出身。九十二歳で入居、九十四歳で死亡。養子の息子が一人居るが、神戸に住んでいて、遺体を引き取らなかった（Cさんの話は、理事長の渡辺から聞いた）。

Cさんが九十二歳でうちのグループホームに入った時、十分に、自己決定能力がありました。最後までその能力がありました。

入居する時、養子の息子さんに腹を立てておられて、

「渡辺さん。本当に私のことを最後まで見てくれますか？」

と念を押されました。

「見ますとも……」

とお約束をしますと、「それでは、私は、私の住んでいる家を処分します」とおっしゃった。家は一千八十万で売却が決まり、Cさんには、そのほか五百万円の貯金がありました。すると、

「家を売ることにしたので、中に入っていた家財の置き場に困る。大きな物置をホームに買って下さい。ついでに、一番大きいテレビと、一番上等の介護ベッドをすべて私のお金で買って下さい。そしてホームの備品にして下さい。

ついでに、弁護士さんも呼んで下さい。公正証書で遺言を残します。すべての財産を渡辺法子さんにあげます」

実際、弁護士が来て「どんなことをしても、息子さんに遺留分だけは行きますよ」というと、「じゃァ、なるべく遺産を減らすために、スタッフ全員を温泉に連れて行きます」といって、実際にそれを実行しました。

のちに具合が悪くなり、救急車で入院した時、神戸にいる息子さんにお知らせしました。生後二か月から育てたという息子さんは、五十歳ぐらい。十五歳年上のバーの女性と結婚しているという話でしたが、確かめたわけではありません。

病院に来た息子さんは、帰りがけに、

「財布はどこだい？」

といいました。「ここです」といって私が見せますと、母親の財布を手にとり、開けて、中から四万円を出しました。

「新幹線で来たから、汽車賃だけは貰っていく」

その財布の中には、五万円しか入っていなかったのです。

危篤の電話を入れた時は来ませんでした。葬儀も知らせたけれど来ませんでした。来たのは、死後三か月たった時でした。遺留分の金を弁護士から貰うためでした。その時にはホームの手で仏壇にCさんを祀ってありましたし、お墓に納骨も済ませていました。息子さんは、Cさんの写真を眺めただけで、手を合わせようともしませんでした。

「せめて仏壇だけでもお持ち帰り下さい」

といったら、「要りません。処分して下さい」といいます。

「では、せめて、お寺で法事をして下さい」

といいますと、

「ぼくは、寺に金を出さない主義です」

と答えました。

息子以外のほかの親戚は、Cさんが亡くなった日、通夜に来て、Cさんが買ってくれた物置から、金目の小物をすべて持って行き、二、三日してから小型トラックで羽根ぶとんなどいい大物だけを持って行き、ゴミだけ置いて行きました。仕方がないので、Cさんにいただいた二百万円を、新しいグループホームの頭金にし、法事も墓まいりも一周忌も、毎日のお供えも、みな職員でしています。これからも続けていくつもりです。

ちなみに、この時から三年たち、二〇〇五年二月現在、グループホーム「菜の花」(亡くなったCさんがいたホーム)は、富士市の新しい場所に移転している。私は、その新しい「菜の花」にも泊まりに行った。今度はすばらしい豪邸だった。むかし、渡辺が世話した人が、格安の家賃で貸してくれたのだそうだ。

最後に、人々は、どんな風にグループホームへの入居を決定するのかを聞いてみた。

認知症の人が入るホームだから、本人が見学や相談に来ることはまずない。家族が来る。

見学のあと、当然人々は費用を聞く。

親の年金額が多い場合は、すんなりと決まる。

「いいですよ。そのくらいの金額なら、母親のために使ってくれていいです」という（考えてみると、この言葉もヘンな言葉だ。年金は実は親の金なのに……）。

金額的に無理がある場合でも、強く〝自宅に置けない〟と思っている人は「いいです。とにかくお願いします」ということになる。自宅に置けない理由は親の症状がひどい場合、家族の家庭事情、感情的な摩擦などさまざまだ。

一般的にいうと、つぎの人々は、なかなか入居を決定できない。

(1)親の年金が少い人。
(2)子どもが親の遺産を減らしたくない場合。
(3)きょうだいが多い場合。きょうだいの意見の調整が必要になる。
(4)特別養護老人ホームなど、他の施設をまだ調べていない人。

人生、最後の大事な時間の過ごし方を、子どもの都合で決められてしまう人が多い――ということがわかった。「老いては、子に従え」というのは、たぶん、こういう状況のことをいうのだろう。とんでもないことだ。自分で決めなきゃ生きている値打がないじゃないか。認知症になってからでは遅い。なる前に手を打っておかなくちゃ。

ちなみに認知症になると、ホームと直接の契約をする資格がなくなる。契約はホームと子どもの間でかわされる。だから、「なんで、ここに居るのかわかんない」のAさん、「俵センセイ、助けてください」のBさん。ああいう人々が出現するのだ。すべて、そうなった時では遅いということをここでは学ばせていただいた。

いや、もっと学んだことがある。〝家族〟はときにCさんの息子や、Aさん、Bさんの嫁のように、他人より遠く、究極の憎しみの対象になってしまうことを学ばせてもらった。

――放っといて。早く死なせて――

ちょうどその頃、千葉県の東京寄りに、大規模なEホームが完成し、私のところにも何度かDMが来ていた。

二〇〇二年の三月。その老人ホームが東京駅から無料バスの送迎をつけて、見学会を実施するという。送り迎えまでしていただけるなんてありがたいではないか。さっそく見学を申し込んだ。

前回行った静岡県のグループホームは、定員九人。最小規模の家庭的ホームだった。Eホームはその対極にある。三棟、三百六十人。マンモスホームといっていい。経営母体は、大手生命保険会社と福祉事業団の老舗が協力して作った新しい財団で、ホームは百八十億円の大プロジェクトだという。

見学会は、さすが大手の財団だけあって、バスの送迎もつくし、ホームの二百人ホールで開かれる有名人Fの講演会にも参加できるという。

雨もようの三月末、私は無料バスの発着する東京駅八重洲口へ行った。すでに一台のバスが満席で出発し、私は二台目のバスに乗った。二台目の乗客は、ちらほらという感じ。大部分は一人客だが、カップルも二組乗っている。

（年をとって、二人であちこちの老人ホームを見て歩く。人生には、そういう季節もあるんだなァ……）

シングルの私には思いつかなかった光景だ。若いころ、新居をさがして歩いた二人が、何十年かを経て、ふたたび、終の栖をさがして歩く。その光景を、いま私は目撃しているのだと思った。自分のことはさておいて。

「本日は、バスで行かれるお客さまが四十三人。直接現地においで下さる方が十人。合計五十三人でございます」

という職員のアナウンスがバスの中であった。


ここで、Eホームのことをもう少し説明しておく。

このホームは三棟三百五十一戸もある大規模ホーム。すでに五年前から販売し、私が見学に行った時点（二〇〇二年三月）で、八割は販売済み。あとの二割を売り切ろうというタイミングだったようだ。

値段には二つのタイプがある。基本型は「基本入園金プラン」と呼ばれており、年齢型は「年齢別入園金プラン」と呼ばれている。自分に合った支払い方法を選べる。

細かいことは複雑だから省くが、このホームの入園金は、所有権ではなく、利用権の値段だ。本人のみ。一代限りである。譲渡は出来ないし、相続も出来ない。他人に貸すことも出来ない。

〝利用権タイプ〟の老人ホームには、たいてい返還金制度というのがある。償却金ともいう。入居してすぐ死んだり、いやになったり、諸般の事情で出る必要が生じると、（一定期間の制限がつくが）一年単位の計算で、払ったお金を返してくれる。

Eホームにもその制度があり、基本型は返還のタイムリミットが十年、年齢型は五～十五年になっている。

いずれにしても入園金は最低三千三百万円から最高七千三百九十万円までの間である。入園金を払えば、贅をつくしたこのホームのすべてを利用する権利ができるわけだが、そのあと、月々の払いも必要だ。管理費、食費、光熱費の合計が、単身者で月額十三万九千五百円、二人だと二十三万四千円だ。

（ああ、それなら、私の年金で大丈夫だわ）

と思う人もいるだろうが、このほかに小遣いや交際費も必要だし、駐車代金、互助会費、病気になった時の病院送迎車代や医療費、おむつ代、葬式代などが要るのは、自宅に居る老人と同じである。

さて、Ｅホームの設備だが、デラックスホームによくあるものは、みんなついている。建て坪の半分は共用部分だから、何でもある。大小ホールにプールにジム、図書室に趣味の部屋各種。子どもや友人たちが来た時、遠慮なく泊まれるゲストルーム。そういうものは、パンフレットをとり寄せて見ていただくとして、Ｅホームの特色だけをあげてみる。

何といっても、医療と介護のサービスだろう。ホームに付設したクリニックがあって、二十四時間、医師と看護師が常駐している。そのクリニックには十九床の入院ベッドがあるし、介護スタッフ室や介護居室、介助浴室など、すべての介護態勢が出来ている。認知症の人でも、他人に迷惑がかからない程度なら受け入れ、それ専用のフロアを持っている。

Ｅホームのもう一つの特色は、比較的地域に開かれていることだろう。高級ホームは、つんとしていて唯我独尊というところが多い。地域に対して閉鎖的だが、ここはクリニックもジムも、趣味室も、ホールも、イベントも、ある程度地域に開かれている。ホーム玄関へのアプローチには地元の銀行や商店が並んでおり、町の賑わいや雰囲気が多少とも味わえる。

一回目の見学は、小グループに分かれて主としてホームの各施設を見学し、地域の人々と一緒に講演をきいて散会。

さらにＥホームに関心を持つ人のために、十日後もう一度、医療、介護サービスにしぼっ

た見学会が開かれた。私はそれにも参加した。二度目の見学者は十人。うち、カップルは二組。この時よくわかったことは、

●Eホームは健常型のホームで、原則として要介護の人は入れない。

●病気になり、常時介護が必要になると、それまで住んでいた部屋を空け、介護専用の部屋に移転しなくてはならない。つまり一人で二つの部屋は専有できない。

●入居の時、入園料と一緒に払う六百八十万円は、「健康管理介護金」といって、介護保険に上乗せした介護サービスを受けるためのものである。

●入居保証人について。家族のいない人、あるいは家族の同意が得られない人は、リーガルサポートなどを頼んで任意後見人（成年後見制度の後見人）を立ててもよい。ちなみに現在の入居者のうち、ほぼ六割は子どものいる人だ。

●入居時の平均年齢は七四・八歳。夫婦と単身は半々。単身のうち男女比は一対四。もちろん女性が四である。

●Eホームはキャッシュで買う人が八割。買ったけれども、まだ元気なので、セカンドハウスにしている人が三百五十人中約百人。したがって毎日の食事は、だいたい二百食前後出る。いまセカンドハウスにしている人は、イベントの時などに参加し、ホーム内に友人作りをしている。将来の介護不安に対して、ホームを買って保険をかけておくという考え方だろう。こういう人がある日、心臓マヒで死ねば、Eホームはまるで無駄だったという

ことになるが、そう思うような人には、真似が出来ることではない。またセカンドハウスにしておけば、〝老いての引越し〟というあの難事業も関係がない。つまり、金さえあれば、ほとんど何でも解決するということだ。

●犬猫はダメ。

●入居者の学歴は、多い順から、(1)早稲田、(2)慶応、(3)東大、(4)京大。

念のために申し添えるが、最後の項目だけは私が質問したのではない。ホーム側が自発的にお話しになったものだ。

二日にわたる大取材ではあったが、最後の二項目で、このホームは私に適しないと思うようになってしまった。

このあとも引き続き私は、大小さまざま、地域さまざま、特色まちまち、約百か所のホームを歩き回ることになるが、あれは、Eホームだけの特色だったと思うことが一つある。

Eホーム見学会の時に貰ったパンフレットの中に、

〈介護つき終身利用型　有料老人ホームへの入居をご検討の皆さまへの当園からのアドバイス〉

という文書があったことだ。そしてその内容に、なるほどと思う部分があった。ご紹介しておく。
●なかなか踏ん切りがつかないものですが、「思い立った時」「健康な時」にご決断されたほうがよいと思います。
●高齢になられての「引越し」も大変ですし、「若いうちにご入居」されたほうが新しい生活に慣れるためにもお勧めです。
●入居に関して「何を重視するのか」をお考え下さい。
立地、事業主体、規模、入居金、月々の費用、介護の充実、医療態勢、居室の広さ、居室の間取り……など。
すべてにおいて、完璧な施設は存在しないかもしれませんが、ご自身に合った納得できる施設は必ず見つかるはずです。

なかなか、うまくまとめているではないか。もったいないから、ここでご紹介しておこうと思った。でも、私なら、最後のところに、ペットの可否、雰囲気、人間模様、ホームの運営方法、料理の味などを入れることだろう。

中老の私も、事故から三年たち、多少の〝うつ〟は残っているにしても、体力は少しずつ以前に戻りつつあった。何よりよかったのは、仕事を元のペースに戻したことだ。仕事で生きてきた人間が病んだ時、効く薬はやっぱり〝仕事〟なのだ。「行き倒れてもいい」「野垂れ死にをしてもいい」「いや、野垂れ死にこそ本懐だ」と思えるようになったことは、すなわち私が回復基調に入った証拠だった。その基調を助けたのが、私の場合はパソコンとボランティア活動だった。パソコンは、七十歳から必要に迫られて学びはじめた。赤城山の森の中に作った「俵萠子美術館」のホームページを作るためである。ボランティア活動は、乳癌の患者会だ。乳癌の手術を受けた私たちが、温泉に入りにくいというあの気持を、なんとか突破したい。つまりわが心の内なるバリアをフリーにしたいという思いが、「一、二の三で温泉に入る会」の発想になった。あっという間に全国組織にひろがったこの会の雑用に忙殺される日々だった。これも、〝うつ〟の回復には役立ったのではないか。

しかし、いま考えると、〝老いじたく〟というか、〝老年学〟というか、切羽詰まった思いで学びはじめたことも、〝うつ〟の回復に寄与したのではないか。はじめは手当たり次第に本を読むだけだった。が、そのうち、L・iSSの勉強会に行く。「ホネはだれのものか」という衝撃を受ける。静岡のグループホームへ行く。老人虐待の現実を知る。私は次第に〝うつ〟を忘れ、「行き倒れてもいいのだ」「本望なのだ」と自分を励ましつつ、全国を飛び回れるようになっていった。

そのころ、「読売新聞」の小林政弘から電話がかかってきた。

「いま私は、読売系のカルチャーセンターの仕事をしております。ついては、来春（二〇〇二年四月）からの講座を一つ持ってもらえませんか」

という用件だった。

小林は、思い出深い人である。あの忘れられない大交通事故の前夜、読売新聞前橋支局長だった小林たちと高崎で忘年会をした。翌日、関越自動車道での事故。そのまま私は救急車で入院。以来、プツンと音信が絶えたままだった。たぶん彼からは人事異動の挨拶状が来ていたのだろうが、入院中の私は記憶していない。

「いいわ。何か、考えましょう」

小林の電話を切ったあと、同じやるならいま自分にいちばん切実なテーマを選びたいと思った。教育問題よりも、男女共同参画社会よりも、いま私に切実なのは、〝老い〟をどう生きるかだった。母のように、自分も苦しみ、周囲も苦しみ、おなかに庖丁を突き立て、ふとんの下に首つり用のヒモを隠す、という生き方以外に、どんな生き方があるのか。

母の亡くなる前年ごろからだ。大阪の実家に帰ると、しばしば弟夫婦がいい争う姿を見た。二人は仲がいいという分類に入る夫婦だが、そのころは私の目の前でも、口論することがあった。弟は定年をあと数年にひかえ、仕事とゴルフに忙しい。男女分業意識の強い夫婦だから、弟は、母のおむつを替えたり、食事を母の口に運んだりは一切しない。それは「嫁の仕事だ」と割り切っている麻里にだって疲労がたまる。

そのころだ。麻里から聞いた話が忘れられない。

「このごろ、おかあさん、よく熱を出すんです。肺炎なんです。朝、下へ降りていって、熱があることに気がついて、救急車を呼ぼうとすると、おかあさんがいうんです。もう、病院へは行きたくない。ベッドに縛られたくない。放っといて。救急車を呼ばないで。早く死なせて……って。祈るような目で私をじっと見るんです」

気丈な彼女が、この話をする時だけは涙をこぼした。

みんな、疲れている。みんなイラついている。このままでは大変だ。弟夫婦もこわれてしまう。

それを見るたび、私は私で自分の「老年学」が遅々として進まないことにイラついた。

一週間ほどして、私は小林に電話をかけた。

「決めました。講座のタイトルは〝子どもの世話にならずに死ぬ方法〟にして下さい。いまの世の中、老親の介護に疲れ果て、自分はあんな思いを子どもにさせたくない——と思いつめている親で一杯です。一方では、あんなに子どもに迷惑をかけないと死ねないのかと思って、ますます介護不安がふくらむ。その不安から、子や孫のご機嫌をとる。やたらお金をばらまく。そして、彼らから自立心を奪う親ばかりがうようよしています。ひいてはそれが日本の将来をダメにしています。では私たち親はどうすれば、介護不安を解消できるのか、どうすれば、子どもを苦しめずに死ねるのか。それを受講生と一緒に考えてみたいと思います」

一気にまくしたてたら、小林政弘はすんなり同意した。

（ちょっと刺激の強すぎるタイトルかな）

という私の懸念をよそに、講座の申し込みは電話線がパンクするほど続いた。カルチャーセンター正規の教室では入り切らず、隣りの結婚式場を借り、定員を倍にするという形で、この講座は、二〇〇二年四月にスタートした。

ホーム行脚、本格的にはじまる

講座では、まず第一に友だちが出来た。

正確にいうと、「ホームさがしの友だち」ということになるだろうか。

みんな、探していた。

どこかに、自分の気に入る、自分の経済力に合った〝いい気分のホーム〟はないか。

講座生の中には自分でグループホームを作りたいと思っている人も何人かいた。

私が、来週の何曜日には、××ホームを見学に行きます。ご一緒に行きたい人は？ と声をかけると、必ず何人かの手が挙がった。この仲間たちとさまざまなタイプのホームを見て歩いた。見学の結果は必ず講座の中で報告したから、見に行けなかった人も間接的に学ぶことが出来た。

中で印象に残った見学を二つだけご紹介する。

一つは、さいたま市にあるグループハウスである。「グループホーム」ではない。「グループハウス」である。

グループハウスって何だ？　〝ホーム〟とどう違うのか。老人施設は種類が多くて、まずはその種類と分類を理解するだけで一苦労だ。いまだに私は、その施設が、どの官庁の所管に属し、補助金体系はどうなっているかなんていう細かいことはわからない。しかし、歩き回っているうちに、私の頭の中で漠然と整理されてきたのは、次のようなことだ。老人用の施設は、大まかにいって、三つに分類できる。

「住まい型」「介護型」「病院型」

この三つは、くっきり分かれているわけではない。境目がぼやけていたり、つながりあっていたりする。たとえば、私が見学に行った静岡県のグループホーム「菜の花」は、住まい型でもあり、介護型でもある。しかし決して病院型ではない。病気の時には、病院へ行く。

あのデラックスなEホームは、三つの機能のすべてをそなえている。極端なことをいえば、ホーム付設の病室で死ぬことも出来る。ホスピスの機能だって果たせるホームなのだ。

(1)住まい型にも二種類ある。公的なものと民間のもの。公的なものには、公団シニア住宅（賃貸）、高齢者住宅、シルバーハウジング、高齢者向け優良賃貸住宅、グループリビング、コレクティブハウジング、少子高齢社会対応住宅、ケアつき高齢者住宅などがある。所管は主として国土交通省、一部は厚生労働省だ。

民間のものは、名前を好き勝手につけているので、さらにわかりにくい。私が講座生と一緒に行ったさいたま市のグループハウス「さくら」は、私の分類でいうと、「住まい型」に属する。役所のネーミングでいうと、グループリビングだろう。

のちに私が体験入居するＮ銀ライフケアマンション横浜「Ｋ」は、明らかに住まい型。おなじく体験入居した東急系のＬホームは、住まいと介護の併用型だ。ただし、介護保険制度が出来てからは、住まい型の施設に住んで、外部からヘルパーさんを派遣してもらえば、一般住宅に住んでいる我々と同じ条件になる。

(2)介護型の公的なものは大部分が厚労省の所管だ。ケアハウス、有料老人ホーム、認知症グループホーム、生活支援ハウス、介護専用有料ホーム、養護老人ホーム、特別養護老人ホーム のほか、住宅供給公社の公社シニア住宅もある。

民間はこれまた名前がまちまち。私の集めた民間ホームのパンフレットだけでも、介護専用型有料老人ホーム、介護専用型高齢者住宅、高齢者向け生活ケアホーム、介護付終身利用型有料老人ホーム、終身型介護ステーション併設住宅、ナーシングヴィラ、ライフハウス、シニアハウス……その一つ一つが、どう違うのか、あるいは違わないのか、字を見ただけで知ることは不可能だ。私はすっかり諦めて、パンフレットを読み、大まかに住まい型か介護型かの見当をつけ、直接見学に行くことにした。

(3)病院型。これが、いちばんわかりやすい。全国共通で〝病院〟という言葉で統一されている。しかし厳密にいえば、私の母が八か月間お世話になった老人病院のように「老人性痴呆疾患療養病棟」や「療養型病床群」という特殊なタイプの病院もある。母が一週間で追い出された老人保健施設、いわゆる〝老健〟はどこに入れるべきなのであろうか。医療保険ではなく、介護保険を使う施設なのだから、介護型のはずだが、現実に五年も住んでいる人がいる。だから、住まい型なのかもしれない。

ついでだから書いておくと、ホーム行脚を続けるに従って、私の頭の中はさらに整理され、かつ分類が多様になった。

(1)は「都市型」か「リゾート型」か、である。

海が見え、山に囲まれ、自然満喫の温泉つきで、敷地も個室もゆったりし、そよ風が入ってくる。けれど、きわめて不便なところに建っているホームと、土地も、部屋もせせこましいが、便利な場所にあるホームと。

まず、その二つのどちらをとるか。決めてから歩かないと、無駄に疲れる。とはいっても、そのどちらも見学し、体験してみないと、自分がどちらに合う人間か、なかなかわからない。はじめの三、四軒は、疲れるのを承知で両方歩いてみるといい。

(2)は大きいホームか、小さいホームかだ。

これも、三、四軒、とくに体験入居してみると、自分はどちらが好きな人間かがわかってくる。

(3)ホームには、健康な時入るホームと、病気になってから入るホームがある。この二つには、大きな違いがあるのだけれど、それはまた、あとで詳しく触れよう。自分はどちらを選ぶか。これはなかなか難しい判断だ。

(4)は自宅をそのままにして入るか、自宅を処分して入るかの選択。これは、体力、懐具合との兼ねあいであるし、ホームに入ってからの気持の変化も関係する。慎重であるに越したことはない。ホームに入ってから、気持が変化して困った人のことは、あとでまた触れよう。

(5)食べ物を軽く見てはいけない。食事がうまいか、まずいか。私の好みでいうと、これは、極めて重大なことである。

(6)最後に、いまは選択肢がほとんどない。しかし、老人にこそ、ペットと園芸が大切だということをお忘れなく。これについては、ホーム側の理解と研究をさらに望みたい。健常型ホームの職員は「趣味、趣味」とおっしゃるけれど、ペットと園芸が趣味の人は、どうすればいいのだ。だれもがプールとビリヤードが好きとは限らない。

ところで、私たちが最初に繰り出したのは、住まい型、健康型、小規模型、都市型、わずか六人の超ミニホームだった。

このグループハウスのオーナーであり、経営者でもある小川志津子は当時六十歳。一九九五年まで五期二十年、浦和市議会議員だった。

自宅を建て直す時、自分たちの自宅（夫と子ども三人）に、六人分の老人下宿（小川の表現）を併設したという風変わりな人だ。いまのようにだれもが、グループホームだ、NPOだ、介護保険だと騒いでいる時代ではない。

一九九〇年。いまから十五年前、バブルの絶頂期、まったく独力で、見知らぬ高齢者のためにグループハウス「さくら」を作ろうと思った人だ。

ふっくらとして、行動力とエネルギーに溢れ、温かい感じの人だった。なるほどこの人なら、五回も市会議員に当選するだろうという感じの人だ。

私たち五人が訪ねるというので、六人のうち四人の入居者を集めておいて下さった。

（さあ、何でも聞いて下さい）

両手を広げて待っていてくれたという感じだった。

私たちは、グループハウス「さくら」のLDKで、長い間おしゃべりした。

もう三年も前のことで、詳しいことは忘れてしまった。が、ところどころ、明るい記憶がある。

小川志津子が、「さくら」を作る前に、日本、外国、百か所ぐらいのホームを回った。けれど、「私が入りたい」と思ったホームは一つもなかった。

何がいやだったかというと、〝いいな〟と思うところは、途方もなく値段が高い。安いところはまるでプライバシーが守られていない。個室さえもない。個人の郵便受けもトイレも洗面所もない。

そのくせ、管理だけはきびしい。何かというと、すぐ保証人に連絡していいつける。これでは子ども以下で、とても一人前のおとなへの待遇ではない。

（ああ、私は保証人の要らないホームを作ろう。自分が入りたいと思うようなホームを！）

しみじみそう思ったのだそうだ。

「それに、食べ物がまずい！　私は食いしん坊なの。ビールも、ワインも飲みたい。大根おろしはたっぷり食べたい。好きなおひたしにはオカカを山ほどかけて、食べたい。たったそれだけのことなの。贅沢じゃないの。ほんとにおいしくモノを食べたい。人間の最後の楽しみって、それじゃないのでしょうか。そんなホームが作りたかったの」

彼女が食べ物の話をする時、私は思わずノドがゴクンと音をたてそうになった。老人ホームを食べ物の視点から、こんなに情熱的に語った人は、あとにも先にも彼女だけだ。

私が仕事の途中でよく立ち寄る新宿、小田急デパート一階テナント街にWというそば屋がある。ある日、午前十一時五十分、私がその店に立ち寄ってそばを注文した。隣りで文庫本を読んでいるおじいさんがいる。何かを注文しているのだろうが、注文したものがまだ来ないのだろう。ロマンスグレーでやせ型。私好みのおじいさんだ。とっくりのセーターを着ている。この近所に住んでいる人——という感じだ。

おじいさんは、かなり長い間静かに熱中して文庫本を読んでいたが、やがて、通りかかった店長に、

「ホラ。アレ……、まだだよ」

と催促した。

「ハイ。いますぐ……」

やがて店長が持ってきたのは、そばではなく、新潟の銘酒、久保田の一升びんだった。店長はそれを、やはり持参したヒノキの一合枡になみなみと注いだ。肴はない。時間は正午を少し回っている。

おじいさんは、一合枡を口に運びながら、また黙々と文庫本を読んでいる。

そのそば屋は、とても奥が深くて、広い。文庫本を読んでいる人物が一人ぐらいいても、十分空席があるから邪魔にはならない。

隣りで私が、そばを済ませ、十二時四十分ごろ店を出る時、じいさまは、まだ黙々と本を読み、二合目の久保田を飲んでいた。

ただ、それだけのことだ。老いて、ひとり暮らし。昼間からそば屋に出かけ、好きな久保田を飲む。好きな本を読む。久保田と本だけが生きがいの、新宿雑踏人生。いつかは、どこかの部屋で孤独死をするのかもしれない。そういう人生があってもいいのではないか。しか

し、それには、久保田が絶対に必要だ。

(私なら、八海山か……)

と私は思った。

食べ物には、それだけの力があるということを、〝老後〟を語る人は忘れてはならない。私はそう思うのだ。

だから、小川の「さくら」では、買い出しは原則として彼女自身がする(いまは知らない。当初はそうだった)。ハーブ畑を作って、ハーブティーを作り、料理にハーブを入れ、余ったハーブは干して、バザーに出す。けっこうハーブがホームの収益源になっているそうだ。「さくら」の詳細は、私が、この短いスペースで語るより小川の著書『グループハウスさくらの春夏秋冬』(東峰書房)でお読みいただきたい。

二〇〇二年四月の時点で、小川はいま少し規模の大きい第二「さくら」を新しい場所にオープンし、そちらには七室九人の入居者がいた。第二「さくら」には、デイサービス、ヘルパーステーション、ケアプランを実施する「居宅介護事業所」も併設されていた。

ちなみに第一「さくら」の料金だが、入居一時金を、払える人は三百万、払えない人からはとらない。一か月の払いは食費も何もかも含めて十三万。生活保護費を基準に決めたそうだ。

小さなところはくつろぐ。月に二回、家族会議のようにミーティングをする。怒ったり、もめたり、反対したり、喜んだりするが、「けんかもできるうちが花」と小川は少しも動じない。

小さなところは、リーダーに左右される。小川だからもっているという側面が、「さくら」の強味でもあり、弱味でもあり。

もう一つ、リーダーでもっていると思ったのは、群馬県群馬町のグループホーム「稲荷台ホーム」だ。群馬県の昔の〝おかいこ農家〟を使っているのが特徴だ。私の父の生家はこんな家だった。このホームは、NPO在宅福祉たらっぺ会が経営している。いまの理事長は、ペインクリニックやホスピスで高名な小笠原一夫ドクターだが、二〇〇二年七月当時は飯島龍一郎というまだ三十二歳の青年理事長がやっていた。理事長自身が三十二歳なんだから、職員も若い。正職員のうち男性は三十四歳と二十三歳。女性は二十一歳と二十二歳。ボランティアの最低年齢は十六歳という若さだった。

こんな若い連中が、八十代、九十代の人の相手をするのは無理じゃないか。はじめから〝偏見〟を持って、私は同ホームに居すわっていた。この見学はカルチャーセンターの講座とは別口。私の単独行動である。

ところが、意外や意外。驚くことの連続だった。まず、このホームは、よそと違って男の老人が多い。九人の入居者のうち、女性はたったの二人。残る七人は男性だ。そのほか、日中はデイケアのおじいさんも来る。男性の中には、認知症のせいで、椅子を投げたり、「家に帰る！」といって、杖をふり回したり、外へ出て勝手にタクシーに手を上げたりする人がいる。そんな時、女性職員の多いホームでは困ってしまう。したがって、「男性お断り」のホームが多いのだ。しかし、稲荷台では断らない。伝え聞いて、あちこちから、男の老人を預かってほしいという依頼がある。

（こういうホームもなくちゃ、男の老人は可哀そうよネ）

つくづくそう思う。

どうやって経営しているのかわからないが、ここでは一時金はなし。月の払いは一人十万円前後だ。

私の目の前を、男の老人が、パンツを脱いで、フリチンで歩いていった。あわてず騒がず、二十三歳の男性職員は、

「汚れちゃったの？　じゃァ、こっちで洗いましょう」

ミスター・フリチンを、上手に風呂場へ誘導していく。

そのうち、これも私の目の前で、部屋の隅に置いた私のペーパーバッグを覗き込み、中身を引っ張り出しているおじいさんがいる。

「あっ！」

小さく私が声をあげると、三十四歳の男性施設長が、穏やかな声で、

「××さん。あっちの部屋で一緒に歌をうたおうよ」

気をそらそうとする。が、じいさまは、一向に動じない。ますます熱心に、私のバッグの中を点検している。すると、施設長はさらに穏やかな声でいった。

「見たら、また元通り、しまっといてネ」

私だったら、客への気遣いから、ついキイキイ声を出してしまうだろう。わずか三十四歳の青年のとった行動に、私は深く胸を打たれた。

好奇心の旺盛なじいさまは、全部出したあと、また丁寧に私の持ち物を一つ一つバッグの中へ戻して下さった。

だれが教えたのか知らない。おそらく若い理事長が、そんな風に、老人を扱っているのだろう。それを見ているホームの若者たちが、同じように行動しているのだと思う。繰り返すが、小集団ではリーダーが大切だ。リーダーによって、雰囲気が左右される。それがよさでもあり、怖さでもある。


さて、もう一つの講座の見学では、二〇〇二年七月、静岡県中伊豆町に出来る四十二戸の「友だち村」という中規模マンションを見に行った。正式な名称は「ライフハウス友だち村」。事業主体は株式会社生活科学。運営、入居コーディネートはＮＰＯ福祉マンションをつくる

会。

これだけでは、何のことだかよくわからない。パンフレットから「友だち村が誕生するまで」という文章を抜粋してみる。

「友だち村」は参議院議員で元法政大学教授の田嶋陽子さんと、ライフアーチストの駒尺喜美さんの提唱で始まりました。

老若男女、誰もが自分らしく過ごせる個人の空間を大切にしながら、お互いに尊重し、共感し合える仲間たちと助け合いながら暮らしていく場所が友だち村です。「友だち村」では、住まい手や広く一般を対象にした、自分を見つめ直す各種研修や学習会、心身の癒《いや》しのプログラムの開催や、女性や子ども、高齢者へのサポートシステムづくりなど、さまざまな活動を展開していきます。さらには、地域社会との連携や交流を基盤としたまちづくり活動にも取り組んでいきます。

「仲間と楽しく暮らしたい」「快適で安心して暮らせる住まいがほしい」「環境のいいところで暮らしたい」など、あなたの夢を「友だち村」で実現させましょう。

お分かりいただけたであろうか。ほかの老人ホームと違って、ここは、ホームというよりは、住人みんなで何か新しいことをやりましょうと意気に燃える〝友だちコミュニティ〟なのだ。

まだ建設中ではあったが、大きな温泉風呂の出来るところに登らせてもらった。眺めのいい、気分のいい浴室だ。駒尺、田嶋、ともにフェミニズムのリーダーで、シングル人生を生きている人だ。私も面識がある。ここだけは、建ってからの生活や活動を見たくなるホームである。あの時一緒に見学にいった講座生の中には、すでに〝その後〟を見にいった人たちがいる。私も行って見たいと思っているが、買いたいとは思っていない。私はすでに赤城で二千五百坪の広大な森暮らしをしている。雑草抜きは、赤城山だけで十分だ。

友だち村の入居金（もちろん利用権だ）は千三百四十五万円～六千五百九十七万円。個性豊かな人たちのために、各戸の設計もバラエティに富んでいる。値段に開きがあるのはそのためだ。月々の管理費は一人だと五万。二人だと七万五千円。食堂の食事代は、昼が七百円、夜が八百円だそうだ。

友だち村のように、気の合った仲間で、グループハウスを作りたいと思っている人は、意外にたくさんいる。私の友人で、NHKの解説委員をしていた村田幸子は、気の合う数人の友だちと自前のグループハウスを、かなり本気で作る気だ。介護の専門家や事業所と提携すれば、私の分類でいう「住まい＋介護」のハウスが十分出来るだろう。しかし、気の合った仲間が全員死に絶えた時はどうなるのだろう。それはまだ彼女に聞いていない。

――母の着物に抱かれるしあわせ――

講座生と一緒に私が本格的な〝ホーム行脚〟を始めたころ、母の命は最後のコースに突入していた。

二〇〇二年五月、何度目かの入院をしたH病院で、母の体に結核菌が見つかった。七年前入院した当初は骨粗鬆症からくる腰痛だといわれていた。が、七年後には、病名がまったく変わった。結核性の〝脊椎カリエス〟だという。いったい母は、どこの病院で、いつ結核に感染したのだろう。

少くとも、母を見舞いに行く私たち家族の中には結核患者も、保菌者も居ない。現に弟一家は、強制的な検査を受けさせられたが、結核菌は出なかった。

母だけが、結核の隔離病棟に入れられた。大阪では有名な、国立の結核専門T病院である。T病院へ見舞いに行くと、手続きが面倒だった。きちんと住所、氏名を記入し、厳重に消毒を受け、帽子やマスクをつけなくては病室に入れない。

そのころは「もう、帰るの？」ぐらいしかいわなくなっていた母は、私たちのモノモノしい格好を、ベッドの中からどんな思いで見ていたのだろう。かりに家で看とるのが最良の看護だとしても、こういう伝染病にかかると、在宅か病院か、なんていう選択は無くなる。やっぱり死に方は選べないのだ。

結核専門のT病院へ送られてからの母は、ますます見舞い客が減った。どんなにさびしい毎日を過ごしていたことだろう。そしてそのうす暗い個室で、母は四か月、人生、最後の百二十日間を過ごしたのだった。

二〇〇二年十月五日。土曜日だった。

その日、私は名古屋での講演を終わり、珍しく名古屋のホテルに泊まることにした。駅に出来たツインタワーにある新しいホテルに泊まってみたかったからだ。ついでに翌日は、以前から行きたかった「ノリタケの森」を見学するつもりだった。

名古屋や岐阜に住んでいる友人六人と、ホテルのバーで十時過ぎまで楽しいおしゃべりをした。

「なんで、このホテルにしたの？」

友人に聞かれ、私は答えた。

「何とかと煙は、高いところへ登りたがる……アレですよ。このホテルの最上階に泊まって、一度見渡す限りの名古屋が見たかった。それが私の夢でした」

「ヘンな夢！」

と友人たちは笑った。

「じゃァ、あした、十時。ノリタケの森で会いましょうね」

と約束し、私は最上階にとった私の部屋へ上がっていった。

部屋から見る夜景は、さすがに見事だ。名古屋の町を、これほど高い（四十九階）ところから一望するのははじめてだった。方角はよくわからないが、母が生まれ、育った豊川市はこちらの方向だろうか。これが、母を育てた愛知県なのだ。

そんなことを思いながら、長い間私は窓外を見ていた。〝もう、母の命は長くない〟という思いが、毎日、私の胸にあった。あの頃、夜中や明けがたの電話には、いつもびくっとしていた。〝その電話〟がいつ来るか、いつ来るかと思いながら暮らしている日々だった。

風呂に入り、寝巻に着がえた時、〝その電話〟が鳴った。

電話は、大阪→東京経由で名古屋に到着した。大阪の弟から受けた電話を、東京の妹が、名古屋にいる私に伝えてくれたのだ。

（とうとう、この時が来た）

と私は思った。不思議と涙は出なかった。

それよりも、明日の「ノリタケ行き」中止をどうやって六人に伝えるのか。アドレス帳が手元に無かった。私自身が明日いったん東京へ帰って、喪服を持ち、ふたたび名古屋を通過して大阪へ行くのか。それとも明日大阪へ行って、どこかで喪服を買い、そのまま実家に行くのか。結局、一刻も早く母のところに着きたいと思った。

翌朝、私はふだんの旅支度のまま名古屋駅の新幹線ホームに立っていた。立ったホームが、東京行きではなく、大阪行きだったことだけがふだんと違っていた。

母の遺体は、すでに前夜のうちに、自宅に帰り、父が母にプレゼントした奥の茶室に安置されていた。七年間も覚悟をする期間があったのだから、たぶん私は泣かないだろうと思っていた。毎日、この日が来ることを覚悟していたし、いやむしろ、もっともっと早く母を死なせてやりたかった。オランダの安楽死法制定に関する本を熟読し、日本にその制度がないことを、どんなに口惜しく思っていたことか。

母はすでに九十二歳。年に不足はない。いやむしろ、骨と皮になり、体がエビのように曲がり、言葉を失い、食事を失ってからでも、まだ生き抜いている母の強靭な生命力には驚嘆するばかりだった。

死の前後の話を弟から聞き、茶室で母の枕元に座った。白い布を母の顔からはずしてじっと母の顔を見つめる。

入れ歯をとったまま硬直している母の唇は〝への字〟に引っ込み、歯を喰いしばっているかのように見える。目も、硬く閉じ、まるで何も見るまいとしているようだ。鼻だけがかつて美人だった母の名残をとどめて、すんなりと高かった。

私は母の顔を触ってみた。冷たかった。小さな顔になっていた。硬かった。

その瞬間、大声が私の口から飛び出した。

「お母さん。ごめんなさーい。さびしかったでしょう。たった独りで死んじゃったの？　ごめんネ。お母さん。私がそばに居てあげられなくって……。でも、許して。仕方ないのよ。どうしようもないのよ。七年も病んで、だれもそばに居てあげられなくって……。たった一人で、死んじゃったの。かわいそう。お母さん。ごめんネ。お母さん。でも、許して。どうしようもないのよ。さびしかった？　ごめんね。そばに居てあげられなくって……。あーん。あーん。お母さん。ごめんね。どんなにさびしかったでしょう。あーん。あーん」

あとは、子どものように泣きじゃくるばかりだった。

およそ、一時間ぐらい泣いていたのだろうか。

母の死は、死亡診断書によると「十月五日、二一時五四分、心不全による呼吸停止」となっているが、実際に亡くなったのは、午後七時から七時半の間だったろうと思う。その時間にT病院の看護師さんが熱を計りに病室に入った時、母はすでに意識がなかったそうだ。

看護師さんが、すぐ弟夫婦に連絡をとったというから、よほどその時の状態は悪かったのだろう。しかし、弟夫婦は夕方病院で母を見舞った帰り、二人で夕食を外でとり、帰宅したのは夜の八時半を過ぎていた。

急遽、病院にかけつけた午後九時前後、母は型通りの心臓マッサージを受けていたらしい。紙に書かれた死亡診断書では、母の死は午後九時五十四分になっている。が、時間のことは、この際、どうでもよろしい。むしろ救いは、母の死の直前に、弟夫婦が母を見舞っていたことだ。土曜日でよかった。土曜日だから、弟は見舞いに行けた。

その日の夕方、別れる時、母は、鼻からの経管栄養で、もう声がなかったようだ。〝また来るネ〟という弟たちに、小さく左手で〝バイバイ〟という仕草をした。それが母の人生、最後のバイバイであった。

泣き疲れるほど泣いたあと、私は思った。

母はさびしがりで、賑やかなことが好きだった。独りがいやだった。独りを死ぬほど怖がっていた。そのため、さまざまな問題はあっても、弟一家と一緒に住んでいたのだ。しかし、結局、死ぬ時、母は独りだった。看護師さんさえ居なかった。医師も居なかった。だあれも居ない、陰気な暗い部屋で、たった独りで死んでいった。

独り暮らしであろうと、大家族であろうと、二世帯住宅であろうと、三世帯住宅であろうと、老人ホームに居ようと、施設に居ようと、病院に居ようと、結局、死は独りなんだ。その覚悟の持てない人間に、老後の生き方を考える資格はない。母の死は、私にそのことを、はっきりと教えてくれたのであった。

やがて東京から妹が駆けつけた。二人の娘が母の枕元に揃った時、どちらからいい出したのかは忘れた。

「ねえ。お母さん。可哀そう。こんな顔を他人さまに見せたくない。どうして、口の中に綿を詰めてもらわなかったのかしら。もっとほっぺたを、ふっくらさせてあげればいいのに……。お化粧もしてあげたい。これじゃァ、可哀そう。お母さん。美人だったんだから……。お母さん。おしゃれだったんだから……」

といっても、すでに母の体は硬直して半日以上たっている。もうすぐ一昼夜になろうとしている。

たまたま来ていた葬儀屋に相談してみると、

「いまごろいってもダメですよ。そんなことは、亡くなった直後に、看護師さんにオーダーすべきことです。もう、いまとなってはダメですね。どうしてもやれとおっしゃるなら、これから一晩、ドライアイスを外して、体を軟くし、そして修正するしかありません。それには、それ専門の業者がいまして、七万円ほど余分にかかりますよ」

という返事だ。

妹と私の意見は、たとえ七万円かかっても、母をきれいにして欲しいという結論であった。

（それにしても……）

と私は思った。

父のときは、別の病院だったが、父の体をきれいに修復して、私たちに引き渡してくれた。父は、そのまま生きているように美しかった。

今度の国立T病院は、何て不親切なんだろう。それとも、病院というところは、本来、いちいち遺族から、こうしてくれ、ああしてくれといわなければ、何もしてくれないのだろうか。どうにも納得がいかなくて、私は陶芸教室の生徒の元・総婦長、宮下よし子にはるばる大阪から電話をかけた。

「ねえ。こういう状態なんだけれど、看護師さんというのは、遺体の清拭というのは、どこまでやってくれるものなんですか」

彼女の答えは、衝撃的だった。

「看護師教育の初歩の段階で、遺体の清拭について教えます。まず、体がまだ軟い時、遺族にいいます。〝外してある入れ歯があったら、すぐお持ち下さい。もし、入れ歯がおうちにあるなら、すぐに取りに帰って下さい。届くまでお待ちしています〟って。万一、ご自宅が遠くて、入れ歯の届くのが遅くなり、硬直が来ている場合は、入れ歯を入れると、顎の骨が外れることがありますので、おたふく風邪の時のように、白い布を頭頂部で縛り、一昼夜置いてから布を外して下さるよう、遺族の方にお願いしてご遺体を引き渡します」

へえ……。そんなことを看護師さんは学ぶのか。だったら、国立T病院の看護師さんは、一体何なのだ。寝巻ひとつ、新しいのにとり替えないで、母を引き渡したT病院に対して、私は訴えてやりたいくらいの憤りを感じた。少くとも、母は四か月百二十日、母の人生最後の日々をあなたたちと一緒に暮らしたのよ。看護師のマニュアルがどうであれ、母の死顔を少しでもきれいにしてやりたいと、どうして、あんたたちは思ってくれないのよ。それに文句の一つもいわず、母の遺体を引きとってきた弟夫婦にまで腹が立つ。

結局、妹と私は、料金を余分に払ってでも、母を美しくしてもらう道を選んだ。翌日の午後、お通夜の少し前に、母は軟くなり、ほっぺたがふくらみ、唇が前に出て来た。その顔に、妹と私は、〝母の人生、最後のお化粧〟をしてあげた。

遠く離れて、ただ見守るしかなかった母の死へ、最後でたった一つの「娘たちの餞《はなむけ》」であった。

母は、二通の遺言状を残していった。

一通は倒れる四年前、母が八十一歳の時に書いたもの。

もう一通は、それを補足する内容で、倒れる寸前、一九九六年四月二日に書いたもの。そのすぐあとで、私が母から「腰が痛い。歩けない。どうしよう」という電話をもらったことになる。

それにしても、母はよく、きちんと遺書を書いて逝ったと思う。

いま中老の私は、遺書を書いた母の年齢にだんだん近づきつつある。しかし、遺書を書くには、かなり頭が整理されていなくてはならない。私の頭は少しも整理されていないので、いまはとても遺書が書けそうにない。

母は、死後のことしか考えていなかったようだが、私は母とは違う。生前のほうがずっと気にかかる。〝母の最後の七年〟のようには、断じてなりたくないからだ。

死後の相続について、母の遺言状は不動産の三分の二を弟に、三分の一を妹に、高価な茶道具数点にだけ指名があり、あとは適当に分けなさいというものであった。現金は三千万くらいしか残っていなかった。私は不動産をたくさん持っているからだろう。私には親孝行をしてくれてありがとうというお礼の言葉しか書いてなかった。その内容に、私はほとんど異論がない。ただ一つ欲をいえば、もっとたくさん母の着物が欲しかった。

着物について、遺言状は何も触れていない。弟の妻が全部捨てるというのであわてた私は、ほんの数枚だけを貰って帰った。

シミだらけの着物を洗い張りし、シミ抜きをし、仕立て直して着てみた。ああ、あの時の、あの幸福感を、どう表現すればいいのだろうか。そっと母に、後ろから抱きしめられているような温かな幸福感。

母が亡くなって一年半後の二〇〇四年三月十三日。私は、あんなに母がやりたがっていたお茶会を、ついに独力でやってのけた。立礼卓の道具一式を買い、赤城の森の紅梅が満開の季節に〝母を偲ぶお茶会〟を開いた。茶席は三席設けたが、メインは、母がいちばんやりたがっていた野点の席だった。

赤い傘を梅の木の下に立て、その下に真新しい立礼卓を置き、私の書いた短冊を吊るし、赤い毛氈をたくさんのベンチの上にかけ、百人のお客さまをお招きした。その時、私は母のお古の着物を着た。母は一五四センチ、私は一六二センチの身長だ。母の着物は、丈が足りなかった。べつの布をウエストのところに一〇センチはいでもらい、友人の山口則子に着せてもらった。

母は、きっと喜んでくれたと思う。ただそれだけでよかったのだ。母が生きている内に、これをしてあげればよかった。ごめんネ、お母さん。

そしてついでに、美術館には「父母のコーナー」を作った。父のためには、父の描いた絵を飾った。私の父の見果てぬ夢は、銀座で「絵の個展」をすることだった。銀座でなくて悪いけどあなたの故郷の赤城山だから、がまんしてネ、お父さん。母のためには、母が好きで自慢だった茶器を、ガラスケースの中に飾った。

二人は〝連理の枝〟になって、いま私の美術館の「父母のコーナー」に可愛くチョコンと納まっている。

第四章　理想のホームを求めて

――ペットと暮らせるホームがあった……――

ある朝、新聞広告を見ていたら

〈ペットと暮らせる
　永住リゾート型有料老人ホーム
　　――天然温泉、露天風呂つき〉

という文字が目に飛び込んできた。とくに〝ペット〟という字が大きく躍っている。ヤッター！　ついに出現したか。〝ペット可〟の老人ホームが……。

さらに真剣に読むと、そのBホームは、群馬県富岡市にある。ならば、私の美術館から、そう遠くはない。つい最近まで私は自分の運転で東京・中野の自宅―群馬県赤城の美術館を往復していた。関越自動車道を走り、ドア・ツー・ドアで百二十五キロ。時間にして二時間ちょっと（いまは、疲れるので高速バスを利用しているが……）。

その途中というか、群馬県側の入り口が藤岡インターだ。藤岡インターから上信越道に入り、十五分くらい走ったところに富岡インターがある。

通い慣れているせいか、そう遠いところだとは思わなかった。すぐに見学を申込んだ。二〇〇二年七月のことだ。Bホームの担当者は、高崎駅まで車で迎えに来てくれるという。高崎駅からBホームまでは車で約三十分。

それは、やっぱり山深い林の中にあった。林を切り拓いて建てた新しい四階建ては、なかなか瀟洒《しょうしゃ》な建物だ。戸数は五十戸だが、まだ建って間がない。入居者は十二人だけ。その中の一人がネコを連れて入居しているという。

私はすぐにも、そのお猫ちゃんに会いたかった。が、案内人の施設長は、まず施設を見てほしいという。

このホームの親会社は、近ごろはやりの「都市及び近郊型の老人ホーム」を二十七か所も経営している。こういう会社は最近けっこう多い。例えばインターネットで「中野区、杉並区の老人ホーム」を検索すると、びっくりするほどたくさんの名前が出てくる。

この手の都市、及び都市近郊型のホームは、その大半が、バブル時代に大企業が、金の卵用として建てた独身社員寮を改造したものだ。したがって、一つ一つの部屋は狭く、トイレや風呂は共通というものが多い。

「しかし、ここは違うんです。わが社がはじめて独自に建てたオリジナルの老人ホームです。

どうぞご覧ください」

施設長が胸を張るだけあって、建物は気分がいいし、温泉がすばらしい。乳癌の私に温泉はメリットがないが、喜ぶ人は多いのだろう。ご自慢の温泉は周囲の丘や林を見渡せる最上階に、露天風呂、大浴場、低温サウナと贅沢だ。介護や趣味、娯楽への対応も一通り揃っている。そのために、Bホームの料金体系は同社の既設ホームとは異っている。既設ホームは、概して入居金が五百万円前後、月の払いが十三万五千円ぐらいだ。それに比べて、ここBホームは入居金が最低千五百万、最高三千四百万円だ。月の払いも部屋の広さに応じて十五万五千円から二十万円までの四種類。値段だけを見ていると、ずいぶん違うが、きっと中身にもそうとうの違いがあるのだろう。同社のほかのホームを見ていない私には何ともいえない。近いうち、元独身社員寮を改造した都市型ホームを、見てこよう。

やっとお猫ちゃんに会わせてもらえることになった。私の知る限り、老人ホームのはじめての住猫（住人とはいえないので）ちゃんだ。その子と暮らしているのは、七十三歳の女性、片山和子だった。群馬県ではなく、東京近県の農家の主婦だった人だ。夫が三年前に亡くなった。一緒に暮らしていた長男が家を建て直すといい、嫁（彼女の表現。私なら長男の妻というが）が彼女に「荷物を捨ててほしい」といった。どうしても捨てたくない物だけを持って、とりあえず彼女はBホーム系列の別のホームに入居した。まだ、群馬県富岡の〝ペット可ホーム〟が建ち上がらなかったからだ。半年間、仮のホームで待ち、〝ペット可ホーム〟が建ち上がると同時に、こちらへ引越した。

さて、お猫ちゃんである。

〝F〟という名前だ。どうしてネコまで匿名にするかというと、片山和子は、老人ホームに入っていることを、子どもたちにも、親戚にも内緒にしているという。

Fはアメリカン・ショート・ヘア、九歳のメスで、かわいい。私が写真をとらせてほしいといったら、断固として拒否された。

「そんなことをしたら、私がここでこんな暮らしをしているということが、親戚や知人にバレます。絶対困ります」

強く断られた。ホームは、当然身元引受人を要求するだろうから、誰にも知らせていないというわけはない。しかしそれ以上は、他人の私が聞ける雰囲気ではなかった。「片山和子」は、もちろん仮名である。Fというネコは、長い美しい毛がトラ刈りになっている。

「どうしたんですか？　この毛は？」

私が聞くと、

「この近所のペット美容院に連れていくと、この子が暴れるので麻酔するというんです。そんなことさせられるのイヤだから、連れて帰って自分で刈りました。ちょっと変ですよネエ」

この時、はじめて、和子の顔が少し緩んだ。

それにしても、解せないことがある。

和子は、このネコを以前自宅で飼っていたという。それでは半年間仮住まいのホームに居た時は、このネコをどうしていたんだろう。日本で、ペット可のホームは、ここだけ（？）なんだから……。

「それはですね。家族が反対して、家の中でペットを飼えなかったんです。仕方がないので、この子は外ネコとして飼っていました。私が家を出て仮のホームにいる半年間、エサは息子夫妻に頼んで来ましたが、この子のことが心配で、心配で……やっとこのホームに入れて、まっ先に迎えに行きました。そしたら、俵さん。この子は、私のことを覚えていたんです。飛んで来ました。すり寄って来ました」

一匹のネコが飼えないために、これほどの苦労をする人がいる。

（バカじゃないか）

という人もいるだろう。が、そういう人は、老いた人間の孤独を理解できない人だ。

私は赤城山で一九九二年に拾った捨て犬「俵クニ子」を愛することで、いまだってどんなに救われていることか。若い時に飼う犬と、老いてからの犬は、まったく色合いが違う。

和子と話しているうち、面白いことに気がついた。彼女がホームへ入居したことを誰にも知られたくないと頑なにいうのを、最初私は〝私の母風〟に考えていた。

私の母は最後まで、ホームのことを〝養老院〟と呼んでいた。養老院に入ることは、世間体の悪いことだとも思っていた。三人も子どもがいるのに、養老院に入るということは、自分にとっても、子どもにとっても不名誉で、恥ずかしいことなのだと思い込んでいる人だった。

片山和子も、たぶん、そう思って、親戚、知人に知られたくないのだろう。私はそう理解していたのだ。ところが、どうやら違っていたらしい。

片山和子がホームへ入居したことを内緒にしたいのは、まず第一にそんなお金を彼女が持っていたということを、子にも、親戚にも、誰にも知られたくなかったためらしい。

「主人と二人、私たちは爪に火をともすようにして、お金を貯めました。一所懸命貯めました。いつか、二人で、ホームへ入るのが夢でした。でも、主人は、三年前に亡くなってしまったので、私は一人ででも、その夢を実現することにしたんです」

〝へえ？〟と思った。まったく私の想像は外れていたではないか。

「でも、子どもたちにいえば、そんな余分な金があるなら、残しておいてくれといわれます。楽をしたいから、無駄な金を使ってホームに入るのだともいわれます。親戚や友人も、同じことをいうでしょう。農村では、いまでも、死ぬまで真っ黒になって畑で働き、家を守り、親戚や先祖に仕えるのがいい嫁だといわれています。私はそこから逃げたんです。だから、誰にも知られたくないんです。こんなにお金を貯めていたことも、誰にも知られたくないんです」

ふたたび、〝へえ?〟だった。自分が努力してお金を貯めたことや、自分が老後の生き方として、悠々自適のホーム生活を選んだことで、子や孫や親戚にまで気兼ねし、隠れて暮らさなきゃならないなんて、都会暮らしの私には、わかるような、わからないような……。日本の農村風土はむずかしい。都会人と農村人のホーム入居率や意識を調べてみたら、案外面白いと思う。

片山和子は〝楽をするため〟にホームに入って、無駄な金を使ったといわれるのがいやだという。しかし、和子の部屋は狭く、荷物だらけで、そんなに贅沢をしていると、私には思えない。

ところで興味を持ったのは、日本ではじめて(?)の〝ペット可ホーム〟で、ペットに関する契約は、どんな内容だろうかということだった。Bホームから「動物飼育細則」を貰ってきたが、結構長くて退屈で、全文をご紹介できない。

さわりの部分だけご紹介すると、大事なことはすべて「飼い主の会」を作って、これから決めるという内容だ。

「お手本が無いものですから、これから手さぐりです」

施設長がいう。

「外国のホームには、〝ペット可〟のところがたくさんありますから、とり寄せて研究なさったらいかがですか」

と私はアドバイスした。どこの国だったかは忘れたが、「アニマル・セラピー」として、動物を積極的に利用し、入居者たちに元気と喜びを与えているホームがあった。いずれにしても、〝ペット可ホーム〟では、例えば、入居者の体調が悪い時、入院した時、寝たきりになった時、亡くなった時など、とり決めておかなければならないことが沢山あるだろう。Bホームがそのお手本を示してくれるとありがたい。

しかし、正直にいえば、あんな山奥まで行かなければ、〝私のクーちゃん〟を飼えないのかと思うと、私の前途は暗くなった。

〝ホーム行脚〟はこの先どこへ辿りつくのだろう。

ただ一つ、私にはっきりわかっているのは、私の場合は、車を運転できなくなった時が、田舎から町に帰る時だと思っていることだ。

自然を求めて群馬に住んで二十一年たつ。自然は私の癒しだった。自然に癒されることによって、私は〝生きる力〟を貰い、仕事のエネルギーを貰ってきた。ただひたすら自然に耽《たん》溺《でき》するために、五十五歳で運転免許までとった。そして、今なお赤城の森の中に〝日本のジベルニー〟（フランスにあるモネの庭）を再現したいという夢を持っている。けれど、それも、これも、車の運転が出来る間のお話だ。車に乗れなくなった時、私に必要なものは、スイカとパスネットだけである。あるいは、私が運転手つきで移動できる大金持になれるのなら、話は別である。

やっぱり、都市型ホームへ行ってみよう。

昔、パリの町中の老人ホームを取材したことがある。それは音楽家組合が作っているホームだった。入居している人は、すべてその組合員だ。音楽家といっても、高名な演奏家ばかりではない。モンマルトルのクラブでヴァイオリンを弾いていた人もいれば、子どもにピアノを教えていたという人もいる。職能組合といったらいいだろうか。私が文芸美術国民健康保険組合に入っているようなものだ。

同業者ばかりだから、ホームの中にはいっぱい知り合いがいる。昔、一緒にバンドをやっていた仲間もいれば、音楽大学の同窓生もいるだろう。日本人的感覚でいえば、それがかえってわずらわしくはないかと気になるが、少くとも私が取材した相手はキョトンとして、

「どうして？」

逆に聞き返された。「興味が一致するからいいじゃない。一緒に音楽会を聴きにいったり、共通の友人を招いたり……」

現役を離れ、リタイアしてしまえば、みんな同じ〝音楽を愛する仲間〟じゃないかというわけだ。

そういわれれば、私の属している日本記者クラブやペンクラブにも老人ホームがあれば、案外楽しいのかもしれない。

ともかくそのホームは町中にあった。地下鉄の駅のすぐ近くだった。私が取材している時に、彼女の息子が立ち寄った。

「きょうは、この近くへ仕事に来たから、ちょっと寄ってみた。お母さん、元気？」

東京でいえば、地下鉄丸ノ内線「中野坂上」駅の近くといった感じだろうか。取材を終わって外に出ると、夕暮れのカフェテラスで、たくさんの人々がコーヒーを飲み、夕刊を読んでいた。

〝都市型〟というと、私はいつもパリの、あの老人ホームの風景が頭に浮かぶ。

しかし、いくらインターネットで探してみても、東京都心で地下鉄駅のすぐそばという老人ホームは無さそうだった。一つ、地下鉄ではないが、西武新宿線「下落合」駅から歩いて五分、「聖母ホーム」というのがあった。社会福祉法人の経営だから、企業型ではなく、福祉系のホームだが、近いうちに一度行ってみよう。

都市型というよりか、都市近郊型は、雨後のタケノコのようにたくさんあった。そしてそれらの料金はそう高くない。私の友人、松田力が、最近父親を亡くした。彼の母親はいま療養中で、都市近郊、介護型のホームに住んでいる。

松田の「老親介護方式」は、私にとって大いに参考になった。

彼は団塊世代だ。長男である。建築家。二〇〇二年十二月十九日に亡くなった父親は享年七十八。母親は夫より一歳年上である。松田力には、英語力を活かして、外国人に日本の観光ガイドをしている妻と、二人の娘さんがいる。

長いアメリカ生活のあと、家族で帰国した松田は、老親が病気がちになったため、自分たちと同じ賃貸マンションの同じフロアに親子二軒で住むようになった。

しかし、当然のことながら、だんだん親の老化は進んでいく。ここから先は、彼自身の文章を借りよう。私に来た彼の手紙の一部である。

車椅子に座った両親を、都市の小さなマンションで介護するのは、普通の主婦には無理があります。介護する側の生活や身体が壊れるのは目に見えていました。

（ワイフと）私で話し合いました。おばあちゃんとおじいちゃんを、フルタイムの看護で、しかもリーズナブルな金額で預かってくれる施設を探そう。実際に見て回ったのはワイフです。私自身もワイフに連れられていくつか見に行きました。いくつかの選択肢の中で選んだのが、おじいちゃんの〝ついの住まい〟になった、そしていまもおばあちゃんがいる、介護専用老人ホーム〝K〟でした。

ここからは私自身の解説になる。松田は最初から両親を一緒のホームに入れたわけではない。お母さんが骨折し、そのあとお母さんには認知障害が出た。最初は夫である彼の父親が家で面倒を見ていた。しかし、父親も左半身が不自由な身だ。とても妻の介護が出来る状態ではない。仕方なく松田の妻が探し回って、まず母親をKに入れたわけだ。Kは老親や自分たちの住まいから車で十分、同じ世田谷区内にあり、何かと便利だ。

入居一時金は一人百万円。月の経費は二、三十万だと松田はいう。が、私の取材では、このホームには、さまざまな料金体系がある。入居一時金を多く出すと、月の払いが減る。逆もまたありだ。その人の経済事情に合わせることが出来る。いずれにしても、ホーム側だけは損をしない仕かけになっている。

しかし、松田家は、半年後、やっぱり父親の一人暮らしが無理になり、同じホームに父親も入居する。両親の経済事情は知らないから、その費用をだれが負担したのかはわからない。二人なら、頭金は合計二百万。月々の払いが四、五十万にはなったことだろう。ここからはまた松田力の手紙に戻る。

おかげ様で、おばあちゃんに数か月遅れて入居したおじいちゃんもハッピーでした。二人とも三食きちんとした食事ができ、不自由なくお風呂に入れてもらい、時々床屋さんが来て、毎週のようにドクターの往診を受けていました。ここに入居できたお蔭で、ワイフにも気持の上で余裕ができ、仕事にも復帰できました。わが家にも、以前と同じような生活が戻りつつありました。

ここからまた私。このタイプの老人ホームは、まことに狭い。すでに書いたように、元は、大手企業の独身社員寮だったところだ。バブル崩壊で、企業が若い人を採らなくなり、経費節減のためにも、社員寮を手放す。そこに目をつけたのが老人ホーム業界だ。雨後のタケノコのように都市近郊型ホームがあるのは、そのせいだ。

その中のいくつかに私は行ってみたが、感じのいいところも、悪いところもある。中には、一階の部屋のすべてにトイレも洗面所もついていないというホームがあった。かつて、中卒、高卒の金の卵を、ブロイラーのように収容していたころ、彼らは若かった。トイレも、洗面所も、風呂も、食堂も共同でよかったのかもしれない。部屋にはベッドだけがあればよかったのかもしれない。休みの日には、彼女とデートして、気分のいいところへ行けばよかったのだから……。そして彼らは、いつか近い将来、そこから抜け出すことが出来たのだから……。

いま、少子社会になり、高齢社会が登場し、金の卵に代わって、銀の卵が入居している。あまりに出来過ぎたお話ではないか。それも決して安くはない持参金つきで……。

当初私は、共同トイレや共同洗面所になっているホームを見て、

（高齢者をバカにするな。日本社会は高齢者を何と思っているのだ！）

火を噴くほどハラを立てたものだ。しかしホーム側から、

「こういう部屋もあっていいのですよね。おむつをつける方にトイレは必要ありませんし、歩けない方には洗面所も必要ありませんから……」

といわれれば、返す言葉がなかった。


この手のホームには、当然のことながら夫婦部屋というものがない。元独身社員寮の介護専用ホームは、原則としてシングルルームなのだ。半年前に入った妻（松田の母）は二階。おくれて入った夫は三階。元気なほうの夫が午前中二階の妻を訪問する。午後はそれぞれ夫は書道、妻は編み物を楽しんでいたという時期もあったようだ。

やがて、いま風、妻問婚の崩れる日はやってくる。三階の夫が緊急入院し、そのまま他界する。二階の妻だけが、いまも残ってホームに住んでいる。


友人松田の〝介護日記〟は、このあともまだ続くだろう。両親を、自宅マンションから車で十分のホームに二人とも預ける。そこで二十四時間の介護態勢を確保する。医療が必要な時には、ホームから病院へ送り、治れば病院からホームに戻す。家族は週に三、四回見舞いに立ち寄る。ホームも病院も近いので家族は助かっている。両親自身がどう思っているかは

わからないが、都市で親を介護する人にとって、これは一つのヒントになるだろう。問題は、夫婦二人のホーム経費だ。一時金を多くし、月の経費を少くするのか、その反対にするのか。親の資産と年金額、子の経済力、きょうだいの協力度、余命の可能性などさまざまな組合わせがある。要は、親が子に美田を残さない覚悟。子が親の資産を当てにしない覚悟。双方がその覚悟さえしっかり持てれば、かなりの「介護哀話」は消滅していくはずである。

ちなみに、このタイプのホームを利用している高齢者本人の声を聞くため、東京近郊B・Sホーム（前出のホームと混同しないよう、こちらはB・Sと表現する）へ行ってみた。

東京近郊といってもJR中央線「国立」駅からバスで十〜十五分くらい。住宅街の中にあるホームだ。鉄筋三階建て。いかにも元は、一流企業の独身社員寮だった、という感じの建物だ。

いまは定員四十一人、三十七戸。うち三十三戸が一三・二三平方メートルの風呂なしシングルルーム。夫婦用は二七・七四平方メートルが一戸だけだ。一三・二三平方メートルといえば、ほぼ八畳間大だ。その中にトイレと洗面所が含まれるのだから、いかに狭いか想像していただけるだろう。まあ、自分の部屋は、寝るだけのスペースだと思ってもらえば間違いない。

ただしこういうホームでも、普通の住宅と違うところは、共同ではあるが、食堂兼集会室、それに応接間と風呂、介護ステーションがついていることだ。私が訪ねた時、このホームではちょうど毎月の誕生会を食堂兼集会室でやっていた。平均年齢八十二歳（女性七割、男性三割）の皆さん、紅茶とケーキで結構楽しそうだ。私をテレビで知っている人が多く、皆さんから話しかけられた。ということは、B・Sホームの皆さんには、認知症が少ないということでもある。要介護も1か2程度で、重症の人が少い。認知症の人が多いグループホームに行くと、自分の子や孫もわからない人が多いのだから、当然、私のことを、

「あら、俵萠子さん。よくテレビで拝見しています」

なんていう人には一人もお目にかからない。

このB・Sホームは、職員も、入居者も明るく開放的だった。ホームによっては、入居者が、幽霊のように無表情、そして無言で歩いているところがある。アルツハイマーや認知症の人、要介護度が進んでいる人を入れているか、いないか。それによって雰囲気はまるで変わる。もう一ついえることは、本人の意志で入ったのか、家族が入れたのかによって、ホームの雰囲気は、決定的に変わる。百か所近いホームを回っているうちに、私はだんだんこの雰囲気の違いというものがわかるようになってきた。

B・Sホームでは、入居者のお二人を気持よく私に会わせてくれた。もちろん、職員の立ち会いなしで、である。

浦川夫妻（夫七十六歳、妻七十七歳）は、松田力の両親のように、廊下をはさんで斜め向かいの部屋を別々に契約し、お互いに往ったり来たりしている。

「こう狭くては、別居するしかないですね」

私がいうと、

「でも、お互い、好きな室温も違いますし、干渉せず、されず、こういう暮らし方も、悪くはないですよ」

ときっぱりおっしゃる。

入居のいきさつはこうだ。

夫が大企業の役員をリタイアし、四人の親を見送り、一人息子は結婚して、独立した。もともと浦川夫妻は老後を子どもに頼る気はなかった。

二〇〇一年の年初に夫が倒れ、一年間入院し、認知症の徴候が出た。徘徊し、妻子の顔もわからなくなった。

妻の牧子は看護疲れで、硬膜下血腫になり、同年に三か月間入院した。つまり夫婦が共に入院するはめになってしまったのだ。退院した牧子は、新聞広告を見て独断でB・Sホームに申込んだ。入居金は二人で一千万、月の払いは二人で四十万円というタイプの支払いを選んだ。このホームでは、入居金は一人百十万から八百十万円まで。入居金が七十万円ふえると、月の払いが一万少くなるという仕組みだ。

夫は、その時認知症だったが、入居して半年（このホームは二〇〇一年十二月オープン）、ぐんぐん回復。記憶力はよみがえり、一年たった今では、二日に一冊本が読めるほどになった。

妻は、午前中寝ている。お向いの部屋で夫はゆっくり本を読む。料理も、掃除もしなくていいので、妻はだんだん元気になった。このホームは狭くて、もともと自炊はできない。気に入ったものが食べたい時は、スーパーへ買い物に行き、余ったものは冷蔵庫に入れておく。二人とも体調がいい時は、外食に出ることもある。

ゲストルームはない。が、食事は出してもらえるので、お客さまを招くこともある。医師は訪問してくれるし、ヘルパーさんは感じがいい。薬もヘルパーさんが取りに行ってくれる。

悩みの種は部屋が狭いことだが、二人はこのホームを選んだことを正解だったという。すでに書いたが、ホーム入りには、二種類ある。一つは住んでいる家を処分して、ホームに入るタイプ。もう一つは、住んでいる家をそのままにしておいてホームに入るタイプ。家を売ったり、貸したり、つまり処分してホームに入る場合は、荷物の片付けと引越しが死ぬほど大変だ。

それに比べると、家をそのままにしておいてホーム入りするのはずっと気楽だ。ホーム行脚のはじめの頃訪ねたＥホームは、金持が多かったから、別荘のつもりで買っている人が、三分の一くらいいた。B・Sホームの浦川夫妻は、別荘ではなく、実際に入居している。が、自宅はそのままになっている。

「ここは国立。自宅が立川。バスで三十分くらいですから、いつでも帰れる。荷物もとりに行ける。夏は草抜きで三日に一度は帰っています。ここにいて、自宅の管理も出来るので助かっています。値段も手頃だし、当分はこの態勢でいくつもりです」

つまり、浦川夫妻にとってホームは長期滞在のホテルという感覚である。ホテルだから、スーツケース一つ持ってくればいい。そう考えれば、ホーム入りも気分的に楽だ。しかし、それには、ある程度の資金的余裕が必要だ。閉めてきた家の固定資産税や、維持費が、ホーム経費とは別にかかるからだ。

浦川の子どもは、どう思っているのだろうか。

「費用は全部私たちが自分で負担するのだし、夫は〝おれたちが稼いだ金は、全部おれたちで使うぞ〟といいました。息子は反対しませんでした。インターネットでホームを探してくれたりもしました。今は孫も一人います。世田谷に住んでいますが、あまりここへは来ませんね」

つまり、反対もしないが、ベタベタもしない。そういう関係であるらしい。

そんなに高額ではないが、極端に狭いホームを、こういう形で使う親子の都会人がふえている。こういう暮らし方は、もう病んでしまったあとなら、悪くはないと私も思う。

けれど、元気な間だったら、私は、ダメだ。自炊が出来ない家には耐えられない。私はやっぱり、大根おろしをたっぷりすり、おかかを山ほどかけたホウレン草のおひたしにタタミいわし、お客が来たら、比内どりとセリをたっぷり入れたセリ鍋をやる。そして、八海山で一杯、という風にいきたいからだ。

――福祉はどこへ行った？――

そろそろ聞こえてくるような気がする。

「福祉はどうした？　福祉はどこへ行ったんだ！」

という声が……。

焼跡、闇市から立ち上がって、戦後六十年。日本をいい国にしたのか、悪い国にしたのかはよくわからない。しかし、われら世代が、日本を経済大国にしたことだけは間違いがない。そして、われら世代に、かつての戦争の責任はない。中老の私は、敗戦の時、十四歳だった。栄養失調で、死の一歩手前にいた。私の上の大老さまたちは、危く戦死をまぬかれた方々。初老さんたちには戦争の記憶がない。そのあとに続く初老予備軍団塊族は、戦争の時には、まだ生まれてもいなかった。われら大、中、初老、予備軍に共通していることは、お互い、よく働いたという一点だ。われら世代には、フリーターはいなかった。パラサイト・シングルもいなかった。ニートもいないし、勝ち犬も、負け犬もいなかった。みんなただひたすら、黙々と働き、税金をおさめてきた。

なのに、なんで、貯金のすべてを吐き出し、年金のすべてを、老人ホーム産業に差し出して死ななければならないんだ。確かにそう考えると面白くはない。われら大、中、初老がお手本にしてきた北欧の国々は、貯金なんかしなくても、老後は大丈夫、安心なのだといつも聞かされてきた。日本は、なぜ、そういう国になれなかったのか。それは私たちの責任なんだろうか。

いずれにしても、大、中、初老族の中にも、年金の少い人がいる。私がそのいい例だ。まさか、こんなに寿命がのびると思ってはいなかったので、十三年勤めたサンケイ新聞をやめた時、厚生年金はすべて払い戻してもらい、一晩で飲んじゃった。つまり、その程度の金額だったということでもある。同時に、当時は結婚中だった。厚生年金のある夫の妻だという安心感もあった。しかしその後、予想もしなかった離婚をした時「年金は夫と共に去りぬ」となり、〝無年金女〟になってしまった。私が年金の自立を含めて〝女の自立〟に熱心なのは、この時の苦い経験が背景になっている。

そのままでいけば、私は強制加入の国民年金だけという〝あわれな老女〟になる予定だった。現にそういう女性が、私の周りにたくさんいる。たまたま私は、〝無年金女〟の原因になった離婚について、涙をポタポタ原稿用紙に落としながら本を書いた。その本がなぜかべストセラーになり、思いがけず〝離婚御殿〟が建った。民間生保の個人年金も設定出来た。宝くじに当たったようなものだ。「自分だけが宝くじに当たればそれでいい」というものではない。以来、私は熱心に年金の自立を含めたフェミニズムの運動をやってきた。

その運動が間に合わなかったために、〝ほとんど無年金女〟になってしまった人々のことを、私は忘れるわけにいかない。

その人たちのために、福祉のホーム、福祉の介護が無くてはならない。

悪名高き特別養護老人ホームがそれである。〝悪名高き〟といったのは、中身の話ではない。〝足りない〟という意味である。二〇〇五年二月二十五日の「朝日新聞」に、

「特養」待機者、増える中で……
独り暮らし、要介護5でも待機
――母をいつか殴りそうだ

という見出しの記事があった。ご存じのように、国は二〇〇〇年に介護保険制度を作り、以来ずっと在宅介護重視の政策をとり続けている。特養ホームを増やす方針はない。従って、特養ホームの待機者が何十万人いるかというような調査を、最近国はしていない。二〇〇二年十二月、朝日新聞が独自でやった全国調査では、大体二十三万三千人ぐらいだろうという話だった。その数字は、一九九八年度に厚生省がやった調査の約五倍だった。それからまた二年余たった。日本では高齢者人口だけは増えている。朝日新聞が各地で重点的にやった調

査では、相変わらず〝特養待ち〟の人は増えつづけているのだそうだ。

そういえば、先日とり寄せた民間の有料老人ホームのパンフレットを見ていたら、

「特養ホームは五年待ちです。

当ホームならいますぐ入れます」

というキャッチコピーがあった。

何軒かの特養ホームに行ってみたが、

「うちは、いま二百二十九人待ちです」

「うちは、三百人待ちです」

というホームばかりだ。この中には、厚労省がいうようにダブって申込んでいる人が大勢いる。

「特養にはなかなか入れません。宝くじと一緒で、買わなきゃ当たらないんですから、とにかく申込んでおきます」

いま、日本人の間では、それが常識になっている。つまり特養に関しては、売り手も売り手、百パーセント売り手市場なのである。メディアに出てくる特養ホームの話題は、すべて、足りない話だ。中身のことはほとんど出てこない。こういう状況だと、私でも、

（入れてもらえた。やっとはいれたんだから、私はラッキーだ。下手なことをいって、出されたら大変だ。おとなしくしていましょう）

という気持になるだろう。

　これって、非常によくない状況ではないだろうか。情報公開もあまりない。市場の競争原理も働かない。ご本人は重症で元気がない。家族は「やっと入れてもらったんです。出されたら困ります」と考えてしまう。それこそ、第三者機関のオンブズマン制度でも導入しない限り、特養の中身は向上していかないのではないか。

　見学した程度では、さっぱり中身がわからない。それが老人ホームだ。特養は、中でも、いちばんわかりにくい。入居している人は、ほとんど要介護度が進んでいて、話を聞くことが出来ない。群馬県桐生市の特養ホーム〝N〟を訪ねた時だ。そこは定員五十人の、小ぢんまりした特養だった。案内してくれた川田正夫がいった。

「五十人中、選挙が出来る人は五人くらい。会話の成立する人が五人くらいといったらいいでしょうか」

　わかりやすい表現だった。要介護3だ、4だといわれてもわれわれしろうとにはピンと来ない。そういえば、私の母が選挙出来なくなったのは、いつ頃だったろうか。大の政治好きだった母が、テレビを見なくなった頃。テレビがついていても、見ていないという状態になった。その頃だったような気がする。

　案内の川田が、食後のお茶を飲んでいる入居者の一人にきいてくれた。

「Dさん。お元気ですか。おいくつになられましたか？」

「四十二歳です」

とDさんが答える。なるほど。これではふつうの会話はむずかしい。それでも食堂で食事のとれる人はまだいい。胃へ管で直接栄養を入れる「胃瘻《いろう》」、いわゆる経管栄養の人が、五十人中七人。その人たちは、食堂には出てこない。普通の食事を介助なしで食べられる人は数人だという。

ちなみに二〇〇二年六月の時点で、一日七百八十円の食費を全額払える人は、この特養ホームでは五十人中三人だった。

こんな状態だから入居者から直接話を聞くのはむずかしい。外来者が、はっきりホームによる違いを感じるのは、目に見えることだ。あとで触れるが、あるホームでは廊下やロビーで車椅子の入居者が〝水すまし〟のようにたくさん自力で移動していた。それは広島県御調《みつぎ》町の町営特養ホームだった。一目見て、ほかの特養にはない光景だ。印象に残った。もう一つは、珍しく町中にある特養の聖母ホーム（社会福祉法人聖母会経営。前出）だ。ここは、玄関ドアに、

「私たちは縛らない介護を目指しています」

と何枚もポスターが貼ってあった。百か所近い病院や施設を見たけれど、天下にホームのモットーを宣言しているところは初めてだった。私はまたしても、

「もう縛られるのはイヤなの。早く死なせて」

入院させようとすると、祈るような目でじっと私たちを見つめ、つぶやいていた母のことを思い出した。

（やっぱり、こう書いてあるところに、母を入れたかった）

聖母ホームで、はっきり私はそう思った。

特養ホームに、限らない。「ホーム行脚」をしていて、じれったかったのは、入居者、その家族の本音を、直接、もっとたくさん聞きたかったことだ。それがなかなかむずかしかった。大家さんと店子のような関係もある。特養のように、ご本人が語れない――という状況もある。入居者のプライバシーを重んじて、一切入居者と会話をさせないホームもある。デラックスなEホームがいい例だ。

「入居者のお話がお聞きになりたければ、当社が駅から当ホームまで出しているシャトル・バスがあります。それに乗って、さり気なくお聞きになって下さい」

といわれた。昔、新聞記者のころ、そういう取材を〝箱乗り〟といった。バスに揺られて並んで座り、同じ方角を向いて、降りるまでの時間に、人の本音を聞き出す。そんなことが出来るのなら、物書きは苦労しない。

ふり返ってみると、私が好感を持ったのは、よくも悪くも、手の内を見せ、どうぞ、心ゆくまで知って下さい、というホームだった。

それはきっと、入居したあとのホームと入居者の関係にも通じることだろう。コミュニケーションがうまくいくかどうか。それがすべての問題の鍵である。

壁紙がきれいだとか、インテリアがおしゃれだとか、ロビーに高価なソファーが置いてあるとか、食堂ではなく、ダイニングルームと書いてあるとか、そういうことは、最初に目に入るが、しかし最後はどうでもいいことになっていくのだ。

元へ戻る。ホームの中の人間関係に気を遣う人もいる。子や親戚、友人、知人にまで目配りする人もいる。ホームは人間の〝終の栖〟だ。最後の最後まで気遣いは必要なのである。それをふまえて、私も話を聞かなくてはならない。その困難さを感じるたびに、「一度、ホームを出た人の話を聞いてみよう」と思うようになった。

介護保険の導入以来、特養ホームへの入居は、役所の措置ではなくなった。消費者の側の選択による契約に変わった。しかし、これだけ数が足りなければ、選択の余地などないのではないか。特養は、これでいいのだろうか。相部屋を個室に変えるという。それは当り前のことだ。その程度のことを、いまごろ経済大国が自慢するのは恥ずかしい。

入居金はいらない。月々の払いも収入に応じて決まる。二〇〇五年から値上がりするが、それでも民間の有料老人ホームの費用とは雲泥の差だ。しかし〝三百人待ち〟で、待っている間に死んでしまうというのなら、特養ホームはあっても無いのと同じことだ。日本の老後の福祉は、いまのところこういう実情なのである。

特養ホームを回っているうちに、ほとんどの特養には「養護老人ホーム」というのが併設されていることに気がついた。

お恥ずかしいが、最初、私は「特別」がつくのとつかないのがどう違うのか、「ケアハウス」と「養護老人ホーム」は同じものかどうか、「有料」「軽費」「養護」はどう違うのか。じつはさっぱりわからなかった。いまでもよくわからない。

とにかく、どこの特養ホームを取材に行っても、「養護老人ホーム」というのがついている。「ケアハウス」という名前になっているところもある。どうやら、ケアと養護は同じものらしい。しかし、順番は逆で、歴史的には養護が先で、特別があとだ。

中で、前述の群馬県桐生市のケアハウスSが面白かった。

たぶん、昔、〝養老院〟と呼んでいたのがケアハウスなのだろう。いまは、民間の有料老人ホームに押されたのか、特養の方が需要が多いからか、国の方針のせいなのか、定員も戸数も減っている。桐生市のケアハウスSも、特養ホーム、在宅介護支援センター、デイサービスセンターの片隅に小ぢんまりと十五戸（定員十五人）が存在していた。

案内の川田正夫がくれたパンフレットには、

〈特徴〉

●全室個室（トイレ、ミニキッチンつき）

●専任の調理師が三百六十五日、一日三食、温かい食事を用意いたします。
●入浴は毎日できます。
●介護が必要になったときは、在宅サービスを利用して、出来るだけ自立した生活が出来るよう配慮します。
●隣接の療育病院において、定期的な健康診断や、万一病気になったときは治療を受けることができます。

〈入居の条件〉
●六十歳以上の方（夫婦の場合はいずれか一方が六十歳以上）で、身体機能の低下または高齢のため独立して生活するには不安がある方で、家族による援助を受けることが困難な方。
●共同生活（食事、入浴等）に適応できる方。
●利用料を負担できる方。

〈利用料〉
●食費などの生活費、家賃にあたる管理費、人件費などの事務費。利用料はその合計額になります。生活費と管理費は、全額自己負担になりますが、事務費は入居者の収入に応じて軽減されます。おおよそ、一人当たり月額七万～十四万円程度になります。
●電話代、個室の電気料等は、個人負担となります。
（俵註・居室は一部屋二一・七～二三・八八平方メートル。夫婦の時は、真ん中の間仕切りを外

して二戸続きで利用できる。二〇〇二年六月十五日現在）

これ以上シンプルなパンフレットを見たことが無かった。つい全文書き写してしまった。もちろんこのSは福祉系のホームだから、お金さえ出せばだれでも入れるというものではない。昔風にいうなら、地域優先、措置優先ということになる。いまでも、〈入居条件〉を充たしていなくてはならない。

しかし、養護老人ホームは〝入居待ち〟が、特養ほどひどくない。インターネットで調べた「日本有料老人ホーム紹介センター」のＨＰ（注・二〇一五年にサービス終了）によると、特養には「多くの待機者がいる」と解説がついているが、養護の方には、「待機者あり」としか書いてない。

実際桐生のSでは、二〇〇二年六月現在、正式に申込書を出し、待機しているのは一人だけだった。入居している十五人も、あまり長くは待たなかったそうだ。ケアハウスSの住人たちは、都会の気取った高級ホームの人たちと違って、じつに気楽で、明るくて、肩のこらない人たちだ。私が八十九歳の岩田佳子の部屋で話していると、となりの中田ハナ（80）がやって来る。通りかかった斎藤ヤス（91）も立ち寄る。たちまち賑やかな井戸端会議だ。

「私は男の子が二人、女の子が四人。合計六人も子どもがいるのよ。でも、私は老後、子どもの世話になるのはイヤだといい、おじいさんは子どもの世話になりたいといい、意見が喰い違ったんだ。それで別れて住むことになり、おじいさんは宇都宮の長男のところへ。私は桐生で調べて、老人専用アパートに入ったんだ。でも、そのおじいさんも十三年前死んじゃった。息子のところにいたのはたったの一年半だった。私は元気だったけど、おととしから体が不自由になり、いまは要介護1。週三回ヘルパーさんに来てもらってる。お風呂もヘルパーさんに手伝ってもらう。こういう体になったので、老人アパートから、こちらに移らせてもらったの。ここのいいところは、ホームを出たところにスーパーがあることだね。どうしても食べたい物がある時は、スーパーから材料を買って来て、自分で作る（俵註・すべての部屋に、ミニキッチンがついている）」

と話したのは八十九歳の岩田だ。部屋には孫娘と、関係のない子犬の写真が飾ってある。犬が好きなので、本当は犬を飼いたいのだそうだ。

となりの中田はいう。

「私も子は三人。孫は七人。ひ孫は八人いるけれど、もうこの年で、だれとも一緒に暮らしたくはないよ。十七年前主人が死んだ。どうもこうもないよ。やっと一人暮らしが出来るようになったんだ。八十歳になったので、このホームを一人で申込みに行ったら、十か月後に支援センターの人から〝空きましたよ〟って連絡があったんだ。うれしかったね。〝バンザーイ〟だった。子どもに言ったら、口先だけは一応引き止めたよ。でも、ハラの中ではホッとしていただろ。こんな〝子孝行の親〟はいないよね、実際……。それで引越しはよく手伝ってくれた。とくに娘のムコどのがね。電気屋なので、物の捨て方がうまいんだ、どこだっけ？　そう、三郷の方まで持ってって捨ててくれたよ。十のところ、九まで捨ててきたね。でも、俵さん。ここはいいよ。赤城山が、こんなにきれいに見えるだろ。私ね。本が好きなんだよ。とくに佐藤愛子がね。この間、本屋へ『血脈』を買いに行ったんだけど、無かったんだよ。ね、俵さん。今度は、赤城山のあんたの美術館へ遊びに行くよ」

万事が、この調子。上州カカア天下のノリである。

（こういうところに住むのも悪くないなァ……。でも。ちょっとやかましいかなァ……）

と私は思う。

しかし、〝ほとんど無年金女〟になってしまった人にとって、養護老人ホームというか、ケアハウスは穴場ではないだろうか。もっと活用した方がいいと思う。だが、こういうところは新聞広告には出ない。テレビのＣＭにも出ない。やっぱり、役所か、社会福祉協議会に行って聞いてくるしかない。聞いてみれば、役所はほかにも、いろいろやっている。たとえば、「地域福祉権利擁護事業」と漢字ばかり並んでいる仕事がある。しかしやっていることは意外にやさしい。モノ忘れがひどくなったあなたのために、ハンコや通帳や証書類を安全なところに預かってくれる。預ければ、あなたは一日中、探し物ばかりしなくて済む。私の母のように、ふとんの横に、遺言状や通帳やハンコの入った信玄袋を置いて、一日、心配していなくてもいい。苦手な金の出し入れ、公共料金の支払い、書類書きの仕事も代行してくれる。そんなサービスがあることも、ついでに見つけることが出来るだろう。

――やっぱり、高齢者虐待はあった――

中野区の私の自宅からそう遠くない。

地下鉄有楽町線「平和台」駅から六百メートル。東京の町はずれといったらいいのだろうか。都心とはいえない。しかし、環八（環状八号線）沿いにあるので東京人にはわかりやすい場所だった。

そこに新しく建った介護専用型Mホームを見に行った。東京電力グループが経営しているという。元独身寮を改造したタイプのホームではない。電柱置き場だったところに、まったく新しく、東電グループ企業が建てたのだという。

（東電が新しく始める老人ホームってどんなコンセプトなんだろう）

という興味もあった。

まず料金設定がユニークだ。超高級の億ション（いや億ホームというべきか）ではない。東京で超高級ホームは、すべて一億円を超える。そういうところには初めから取材に行かなかった。ご紹介もしなかった。しかし、確かに、そのクラスの〝億ホーム〟は存在している。超の次の高級クラスは、すでにご紹介した。Eホームがそれだろう。その次にご紹介したのは入居金が百万円から五、六百万円、元独身寮の中級ホーム各種。東京電力のは、その上というか、高級の下というか。つまり中と高のまん中あたりにランクする料金設定だ。

入居一時金が、千八百万円。月の払いが二十三万円。それが基本型で、多少のバリエーションを選択することは出来る。Mホームで、もっともユニークなのは、入居後一か月以内なら、一時金を全額返してくれることだ。よそのホームでは、そのルールを作っていない。おそらくたとえ一か月でも、一時金は何割か、何パーセントか減額して返還されるのであろう。

人間には何歳になろうと、未知の世界というものがある。かつて体験したことがないほど、年をとっている（いつだって、だれだってそうだが……）。体調も崩れている。体力が無くなっている。生まれて初めてのホーム生活だ。これまで経験したことのない人間関係にとり囲まれる。うまくいくかどうかは全くわからない。なのに、虎の子の何千万円を払って、やっぱりダメだったということになったら、どうしよう。

――それがホーム入居者の最大の心配だ。

たった一か月や、二か月で、やっぱりダメだといってホームを出たら、ただそれだけで五百万も六百万もの金が減ってしまう。ぐずぐずしているうちに一千万くらいはすぐ消えて無くなる。年をとったら、失った虎の子を挽回することは、もはや不可能だ。若い時とは、そこが違う。

かくて、その人の老後設計は老人ホームを買ったばかりに台無しになり、〝人生第三幕〟は崩壊する。

――ホーム入居者が、いちばん怖いのはそれだ。

「消費者保護のクーリングオフを適用し、十日以内なら契約を白紙に戻せる」と書いてあるホーム規約を一度だけ見たことがある。しかし、「入居一時金償却期間の起算日から三十日以内に契約が終了した場合には、入居一時金は全額返還いたします」と明記してあるホームは、ここが初めてだった。

（ほんとは〝三か月〟がいいなァ。三か月たてば、人間関係を含めて、ここが自分に合うのか合わないのかがわかるだろう。入居後一か月なんて、まだガタガタしていて落着かない。だから、どうだろう。いっそ、体験入居期間を三か月迄にして、それなりの料金をとってくれればいいんだ。ここの体験入居は五泊六日までだけど、もっと長くしてもいいんじゃない？

でもサ、たとえ一か月でも、全額返還だなんて、気分がいいじゃないですか）

勝手なことをアレコレ考えながら、練馬へ見学に出かけた。建物は、新しいわりに落着いている。ケバケバしていなくて気に入った。

長くなるので、細かい説明は省略し、結論だけを書く。まず、いちばん驚いたこと。電力会社が介護に参入すると、介護というものは、ここまで情報システム化できるものなのか。床はもちろん床暖房。火災報知器。天井でキャッチするナースコール。そんなのは当り前だ。驚くのは二十分以上座っていると、〝変ですよ〟という信号が、スタッフステーションに届く便座。つまり便器に「トイレセンサー」がついている。重症者のベッドには「ベッドセンサー」がついていて、心拍数、呼吸数を遠隔感知できる。ベッドから落ちたら、もちろん通報がいく。おむつが濡れたら、スタッフのＰＨＳが鳴る。おむつには、おむつセンサーがついている。たとえは悪いが〝病人ロボット〟の心境になれる。

一階は症状の軽い人、二階は重症の人、三階は認知症の人、四階は屋上ガーデンと共同スペース。階ごとに機能が分かれているのもわかりやすい。一階の軽症個室は広く、二階、三階は病院の個室並みに狭い。合計八十五室。それもまたリーズナブルだ。

つまり、なかなかよく出来ている。人手も入居者三人に対し、スタッフ二人とゆとりがある。介護専用型のホームだから、いよいよ〝その時〟が来たら入ってもいいかなと思った。

スタッフに聞いてみた。

「どうですか？　入居の状況は？」

「広告を見て、いままでに来た見学者は三百人ぐらい。でも、入居した人はまだ十八人ですね（二〇〇二年七月現在）。介護型ホームですから、ご本人とご家族が一緒に見学に来られることが多い。せっかくご本人が気に入って下さっても、お子さんが〝千八百万円？　そんなに出すなら、オレたちが家で面倒見るよ〟とおっしゃるケースがありまして……。もちろん、ほとんどの方は、親が自分のお金で入りたいとおっしゃっているのでして……」

そうか。ここでもまた、その話か……。富岡のペット可ホームで、

「そんな金があるなら、オレたちに残せよ」

といわれるので、身を隠していた片山和子のことを思い出した。

いや、それでも、家に帰って、大事にしてもらえるのならかまわない。しかし人間は弱い存在だから、その時は自分たちで介護しようと思った子どもたちが、やがて疲れ、母を放置し、ベッドに縛りつけ、一日にコンビニ弁当を一個だけ投げ与え、「いい加減にしてくれよな」「まだ、生きてる」「当分死にそうもない」「食欲だけはあるんですよネ、ホホホ……」というように変化していく例は、山ほどあるのではないか。

そのころ始まった「読売新聞」の「高齢者虐待」という連載の冒頭は、こんな文章で始まっていた。

「座敷を汚すな。何度言ったら分かるんだ」

息子（51）のどなり声が響いた。今月二月末、神奈川県西部の住宅街にあるアパート。粗相をして、布団の横で縮こまる母（81）の顔を平手で殴り、腹を何度も踏みつけた。隣

町に住む兄を通じて119番通報したのは、母が息をしていないことに気付いてから一日以上たってからだ。

外傷性ショック死。母のあばら骨は計四十六か所も折れていた。（中略）息子はオムツを数日に一度しか替えていなかった。

独身で無職の息子は、月十一万円ほどの母の年金に頼って生活していた。（中略）

「自分なりに頑張ってやっていた。手を上げたのは、母が意地を張って、私の言うことを聞かなかったから。あれは事故だ」

六月下旬、傷害致死罪に問われた息子は、法廷でこう言い張った。

（二〇〇三年七月二十三日付朝刊一面）

こういう親子に、介護保険で〝在宅介護〟をといったところで、息子は親の年金に寄生して生きているのだから、必要なサービスを受けるはずがない。サービスの一割負担が払えないからだ。息子に殺された母の貯金の金額は知らない。たぶん年金を横取りしているくらいだから、貯金もおろして、使われてしまったことだろう。

こういう高齢者は、福祉事務所の職員や民生委員が手を差しのべ、生活保護法の使い方を教え、特養ホームに入れる以外に救出する方法はないのではないか。

高齢者虐待調査の結果が明らかになるにつれて、私は任意契約である介護保険の限界を感じるようになっていった。

二〇〇四年四月、日本ではじめての「家庭内における高齢者虐待に関する調査」。その結果が公表された時、

（やっぱり、そうか。でも、これはまだ氷山の一角ではないかしら……）

と思った。

大阪の母の寝たきり以来、〝言葉の虐待〟〝心理的虐待〟というものに対して私は過敏になっている。

久しぶりに、友だちに会う。

「おかあさん。お元気？」

と聞く。

「お蔭さまで。まだ、自分のことは自分でやってくれるし、お料理だってやってくれるの。この間は、ちらしずしまで作ってくれたのよ」

うれしそうに答えるのは、実の母親の場合だ。

姑の場合だとニュアンスの異ることがある。

「トイレは汚すし、うんちはこねまわす。その手で冷蔵庫を触る。もう、やんなっちゃう。疲れちゃった。正常以上なのは、食欲だけね」

そのいい方に愛がない。こういう時、私はなんて相槌を打てばいいのだろう。

姑が元気なら元気で、また困った会話になる。

「元気も元気。もう九十七歳よ。いったいいつまで生きる気なんでしょう。私の方がくたばりそう」

そこで私が相槌を打ち、

「うらやましいわ。私の母なんて、九十二歳までしかもたなかったの。七年間、寝たきりでネ」

というと、彼女からは次のような感想が返ってきた。

「まァ、お嫁さん、かわいそう!」

これに私は、何と答えればいいんだろう。

とにかく、私の周りでは、「言葉の虐待」「心理的虐待」が飛びかっている。

調査でも、もちろん、心理的虐待は、ダントツだった。多い順に並べると、

(1)心理的虐待(六三・六%)
(2)介護・世話の放棄・放任(五二・四%)
(3)身体的虐待(五〇%)
(4)経済的虐待(二二・四%)
(5)性的虐待(一・三%)

これは、高齢者全体の六四パーセントが心理的虐待を受けているという意味ではない。

二〇〇二年十一月〜二〇〇三年一月にかけて、介護サービス機関のケアマネージャーが把握した虐待事例一九九一ケースを分析したものだ。

虐待される高齢者の平均年齢は八一・六歳。うち七六パーセントは女性だ。考えてみれば、女はかなしい。夫を見送り、一人になり、八十二歳にもなると、今度は息子や息子の妻から虐待を受ける。

虐待する人は、多い順から、
(1)息子（三二％）
(2)息子の妻（二一％）
(3)娘（一六％）
(4)夫（一二％）
(5)妻（九％）
(4)と(5)は、まだ配偶者が生きているというケースだ。
平均寿命が、どうしても女より短く、先に死ぬことが多い男性が、つくづく羨ましくなってしまう。

もう少し、虐待の内容を解説すると、(1)の心理的虐待は、無視、皮肉、言葉の虐待「死ね！」を含めて無限にあるから、解説するまでもないだろう。

(2)の介護・世話の放棄・放任も、おわかりだろう。見たくもないといって部屋に閉じ込め、知らん顔しているケースもあれば、おむつをとり替えない、糞尿まみれにしておく、食事も与えない、介助なしに食べられないのに、食べさせてあげない……いろいろあるだろう。

(3)の身体的虐待。殴る、蹴る、つねる、縛る、物をぶつける。私の知人の男性にも、父親のおむつを替える時、いうことをきかないのにカッとして、お尻や太ももをぶったことがあるという人がいた。

(4)経済的虐待も、いろいろあるだろう。親の貯金や年金を、きょうだいの了解も得ないで、自分のために使う。そのこと自体は直接親を虐待していることにはならないが、その結果親の療養生活を経済的に圧迫するなら、それは経済的虐待の一つだろう。たとえば、金がかかるからといって、受けられる介護サービスを受けさせないといったことだ。

東京電力のあのMホームが気に入って、「ここに入りたい。私には、それだけの経済力があるのだから、手続きをして下さい」という親に対して「そんなムダ金使うなよ。うちでオレたちが面倒みるよ」と連れ帰る。そしてロクに面倒をみなければ、それも一つの経済的虐待だ。

こういう虐待に備えるには、親は成年後見制度を使って対抗するしかないのだろうか。

(5)性的虐待は、一・三パーセントだからといって無視するわけにはいかない。本人の同意がないのに、性行為を強要したり、性的ないたずらをするケースだ。

三十年前の一九七五年、国際婦人年の年に、日本ではじめて、「家庭内暴力禁止法」（のちのDV防止法）の制定を求めて、当時の厚生省へ陳情に行った私の経験からすれば、必要なのは、高齢者虐待防止法の制定である。それに並行して、すぐにでも「虐待一一〇番」を設置し、世論を喚起することだ。私の場合は、自宅でそれをやったものだから、私生活がメチャクチャになった。特定の日、特定の場所で、メディアの協力を得て相談を受けつける方がいい。つぎには、行政にそのセクションを作り、行政が特養の一部を借り上げ、〝シェルターベッド〟を作るといいと思う。全国を網羅している在宅介護支援センターや福祉事務所が地域の拠点になってもらいたい。

〝ホーム行脚〟のトップバッターに、静岡県富士市のグループホームを選んで行った時、「捨てられた」「騙された」「置き去りにされた」「認知症だとレッテルを貼られて、相手にしてもらえない」という高齢者の嘆きをたくさん聞いた。以来、ずっと高齢者虐待のことが気にかかっていた。いまやっとそれが全国調査という形で明るみに出た。

介護保険制度が施行されたお蔭で、〝介護哀話〟を堂々と語れるようになった。性別分業で、介護を担わせられていた女としてはありがたいことだ。女は、多少荷が軽くなった。しかし、一方、介護される側の声にも耳を傾ける必要がある。介護される側は、あまりにも弱者で、声をあげることが出来ない。その声を、どうやってきくのか？　その第一歩が、二〇〇四年、日本初の高齢者虐待調査だったのではないか。

幼い子どもたちも自ら、声をあげることが出来なかった。だから日本では児童虐待防止法が出来るのが遅れた。介護される高齢者も同様だ。介護される側には立場としての弱味がある。その上、虐待されるような親子関係を作ってしまったという負い目、虐待するような子を育ててしまったという恥の意識。三つが三つ巴になって、高齢者の口を封じてしまう。虐待されること自体を恥じ、〝自業自得〟とみずからを責め、すべての高齢者は、固く口を閉ざしたまま死んでいったのだ。

それは、三十年前、アバラ骨を折り、目の周りを青く腫らし、子どもの手をひいてシェルターに駆け込んできた女たちと同じ精神構造だ。彼女たちもいった。

「家の中の恥を、外に晒《さら》したくない。そんな男と結婚した自分が悪い。男を見る目が無かったのだ。自業自得だ。そう思うし、そういわれるのが恥ずかしかったのです」

この二つの精神構造には、〝人権〟という、それよりもっと大切な意識が欠落している。

きっと読者の中には、こういう人がいるだろう。

「家庭内に虐待があるからって、ホームに行けば、ホームにだって、あるじゃないですか。ついこの間、ストーブを体に押しつけられて死んだおばあさんがいましたね。その前は、どこかのホームで、爪をはがされていじめられたおばあさんがいた。どこにだって、虐待はあるんです。どうするんですか？」

それは、その通りだ。そしてこれは、私だけの感性かもしれない。普遍性はなくていいけれど、わが子に虐待されて死ぬよりは、アカの他人に虐待されて死ぬほうが、まだいいという気がする。人生、若くて元気でも、そしてダレからも恨まれていなくても、白昼路上で、突然刃物で刺されて死ぬことがあるのだから……。ホーム内の虐待は、アクシデントだと思うしかないが、家族による虐待をアクシデントだと思うわけにはいかない。

第五章　親の自立、子の自立

――妻の病気に弱い男たち――

交通事故の骨折で四か月半の入院生活を余儀なくされた時、入院生活最大のメリットは、ナースコールだと思った。

〈いつでも、押せる。押せば、だれかが来てくれる〉

あの安心感は、いったい何だろう。

私自身は、孤独死を恐れない。生涯現役であろうと努力する。そのためにはどこで行き倒れても本望である。そう思うことにしている。その気持に嘘はない。しかし、一方で、枕元にあるたった一個のコールボタン。そのためにこそ、私は入院しているのだと思っていたことも事実だった。

あの時は、それほど気持が弱っていたのだろうか。間断なく襲いかかる坐骨神経痛の痛み。定量のヴォルタレンの坐薬を入れても、ステロイドと麻酔薬のブロック注射をしても、どうしてもとれない骨盤の激痛。どうにも、耐えられなくなった時は、このボタンを押せばいいのだ。すると、あらたにヴォルタレンの坐薬を持った看護師さんが来てくれる。そう思うことによってしか耐えられなかった日々。

あれは、動物的、本能的な感覚であり、元気になってから考えた〝行き倒れ肯定論〟とは次元の違うものだった。人間は、そういう二面性を持つ動物なのだろう。

だから、私は、在宅の終末介護に、いささかの疑問を持っている。母もきっと、夜の時間が不安だったろう。在宅の母の枕元には、最後の最後まで緊急のコールボタンはなかった。私も弟たちに、「つけて欲しい」とはいえなかった（病院は、その弱点をカバーする場所だ。なのに、なぜ母は、〝最後のナースコール〟をしなかったのだろう。押すひまも、力もないままに死んでしまったのだろうか。いまでもそれは疑問である）。

まして、独り暮らしの老人には、コールボタンで呼ぶ相手がいない。だから、在宅介護には限界があると思っていた私の考えが、ひっくり返るような出来事があった。

広島県御調《みつぎ》町という町へ行った。いまはもう、尾道市と合併した。当時（二〇〇二年十月）はまだ人口八千人の過疎の町だった。山あいのその町に行くと、「老人施設のモデルハウス展」ではないかと思うほど、立派な建物が、軒を接して集まっている。

町の中心には「公立みつぎ総合病院」があり、その病院にはふつうの病院機能のほかに、ホスピス、療養病棟、回復期リハビリ病棟までがそなわっている。

ふつう、病院と役所はそれぞれ独立し、離れた場所にある。この町では、病院と役所の「保健、福祉部門」は廊下でつながっている。最初見学した時、この二つは同じ建物にあるのだと私は錯覚した。病院を歩いているうち、自然に役所の「保健、福祉」の窓口に出たからだ。しかし、あとでよく地図を見ると、役所（この場合は、保健福祉センターと呼ばれている部門のこと）と病院は、道をはさんで隣りあっている。三階を廊下でつないであるのだった。

それが、この町を象徴している出来事だと私は思う。病院は病院。役所の福祉は役所の福祉。保健所は保健所。私たちの頭の中でつねに分断されて存在するこの三つが、一緒になって仕事をし、建物までつながっている。

この方式を御調町では「地域包括ケアシステム――保健・医療・福祉の連携」と呼んでいる。

話を戻す。病院の最上階にはイベントホールがあった。町民はまるで、公民館のような感じでホールを利用している。ふつう、病院というのは、行きたくないところの代表格なのに、不思議な光景だ。一方、役所の保健福祉センターの中には訪問看護ステーション、社会福祉協議会、基幹型在宅介護支援センター、住民ボランティアの福祉バンクなどがあり、いつも住民の出入りで賑わっている。

そこから少し離れ、新しく山を切り拓いたところに、私がモデルハウス展かと思った保健福祉の総合施設群が出現する。細かくいうと「特養ホーム」「老健施設」「リハビリテーションセンター」「デイサービスセンター」「在宅介護支援センター（地域型）」「広域福祉人材研修センター」「ケアハウス」「グループホーム」「地域リハビリテーション広域支援センター兼在宅介護推進センター」。

まさに保健、福祉、医療施設のデパートで、とても一度や二度では覚えきれない。人口わずか八千人の町に、これだけの建物があるということ自体が驚きだ。

ここまでは御調町、地域包括システムのハードのお話だ。ほんとうは、このすべてがどう連携し、どう機能し、どういう活動をしているのかというソフトの方がずっと大切だ。ビデオ、取材、山のような資料でアタックしてみたが、とても理解しきれない。一か月ぐらい泊まり込んで取材しないと無理だろう。さすがに今回は諦めることにする。

要するに、この町は二十四時間、三百六十五日、町全体が病院であり、老人ホームであり、保健所になっているという感じなのだ。介護保険では望めない夜中のコールボタンも、この町ではつけることができる。コールボタンは、正式には「緊急通報システム」と呼ばれている。希望者は審査を受けて、ボタンをつけてもらう。一人暮らしをしているとか、本人の病状などが優先される。審査にパスすれば、無料でボタンをつけてもらえる。①と②、二つのボタンがついている。①は緊急ボタン、②は相談ボタンだ。ボタンを押すと、昼間は両隣りと保健・福祉センターへ。夜間は両隣りと病院につながる。ボタンには二種類あって、一つはハンズフリーの電話器型。もう一つはペンダント型。

いずれのボタンも、ネコが踏んでも鳴るほど敏感だ。そこで取り敢えず両隣りに通報が行き、確認してもらってから、行政は対応する。

一時期私はかなり真剣に、この町へ引越そうかと思っていた。

この町に引越せば、何もこんな〝ホーム行脚〟をすることはない。すべては公立で揃っている。お金がなくなれば、福祉が使える。いつでも、必要な時、必要なサービスが受けられる。日本にも、こんな町があるのか。

しかし、いつもそのあたりから、私は〝昔の私のお母さん〟になってしまうのだった。

（だってェ、友だちが居ないでしょ。子どもたちから遠くなるでしょ。知り合いは一人も居ないでしょ。広島弁がわからないでしょ。家をどうするのよ。新しく建てるのですか。この年になって……）

あらゆる〝ダメ条件〟を考えて、結局堂々めぐりをしてしまう。そして最後は、群馬県の赤城山がそうなればいいのよ。いえ、東京の中野区がそうなればいいのよ。東京は車の運転をしなくて済むところなんだから、東京の方がいいわよ。そしてやがてだんだん腹が立ってきて、考えるのをやめる。そういうことの繰返しをやっていた。

ちなみに、御調町は「寝たきりゼロ作戦」の町としても、全国に知られている。

特養ホームの行脚をしていたころ、外から見ただけではホームの違いがわからない。その時、明らかによそと違っていたのが御調町のホームだった。「押さないで下さい。ただいま自立の訓練中」と書いた紙を車椅子の背中に貼りつけ、水すましのようにたくさんの人々が、廊下を移動している。

御調町のように徹底した町は珍しい。しかし、高齢者にコールボタンをつける程度の行政は、少しずつふえている。最近私は横浜市の「高齢者あんしん電話」設置の資料をとり寄せた。この程度のことでも無いよりは、あったほうがずっといいと思いながら読んだ。

読売新聞系のカルチャーセンターで始まった私の講座は、一年後には「NHK学園」でも始まった。そこでもまた私は講座生と一緒に、〝ホーム行脚〟を続けた。さまざまなホームを歩いたが、中でも杉並区高井戸にある東急系の〝L〟というホームが印象に残った。

ここはあのEホームと同様、料金的には高級ホームに属する。バブルがピークだった一九八九年にオープンしたころは〝億ホーム〟だった。いまは一LDKが七、八千万円台に下がっているが、決して安いといえるところではない。その昔、木島則夫が入居して話題になったホームだ。私も覚えている。

Lホームが印象に残ったのは、入居している人たちがいきいき、のびのびしているためだった。私が訪ねた時点（二〇〇三年十月）に、このホームはオープンして十四年たっている。ホーム全体にその落着きと安定感があった。それも印象に残ることだった。

とくに、入居者の一人、笹田知子（71）の話が、ストンと私の胸に落ちた。

笹田知子の話

私にはいま七十七歳の夫と、結婚して独立し、すでに二人の子がいる息子がいます。六十歳のとき、私は乳癌になりました。私が入院したので、夫はうろたえました。息子はその時アメリカにいましたし、面倒を見なければならない親もいる。家事もはじめて。私や親の介護もはじめて。

うろたえた夫は、あちこちに相談し、有料老人ホームへの入居をすすめられたんです。そこなら、家事の心配も、介護の心配もほとんどない。

最終的に二つのホームにしぼって、夫は私に相談しました。一つは世田谷区の高層ホーム。もう一つはここ杉並区の低層（三階）ホーム。私は、高層は怖いので、低層のほうがいいといいました。費用は、バブルの時代ですから、その時住んでいた私たちの一軒家を処分すれば何とかなる。要は、財産を減らすまいとして、家を守るのか、暮らしの質の方を優先するかです。

一軒家に比べて、ホームが狭いのには閉口しますが、家を売り、余ったお金で、ホームの近くに、物置がわりのマンションを借りれば何とかなると思いました。

もう一つ。当時、私は自分の母の介護をしていました。介護保険が無い時代でした。二十四時間のすべてを民間の家政婦さんでカバーすると、なんと、一か月五十五万円もかかりました。

その上、気に入った家政婦さんが、やめるなんていいだしたら、それこそパニックです。つくづく、

（一人の人にだけ頼る介護は、不安定だなァ）

と思いました。

その点、ここでは二十四人のコーディネーター（介護人のこと）がいるし、看護師さんもいます。介護だけではなく、電球が切れたというと、すぐに飛んできて直してくれる人もいます。

一人息子の意見は「好きにしたらいいじゃない」というサバサバしたものでした。親自身の家なのに、「子どもが家を売らせてくれないのよ」という親が、世間にはよくいます。不思議ですよねェ。

そんなことをいろいろ考えて、家を売り、マンション一戸とここを買いました。ホテル感覚で、ここへ入ることを決めたんです。

それから、十一年です。

私は元気になりました。が、入居して四、五年後、今度は夫がパーキンソン病になりました。でも食事は部屋まで持ってきてもらえるし、お風呂にも入れていただける。そして私は、

自分のしたいことが出来る。やっぱり、この選択は、間違っていなかったと思います。

ただ一つ、アドバイスしておきたいことは、くれぐれもギリギリの予算で入居しないことです。冷蔵庫やインターフォンがこわれることもある。それは自分のお金で買い替えなくてはならないし、入院すれば、差額ベッド代もかかる。それは、自分の家にいるのと同じことです。経済的なゆとりを持って入居しないと、あとで苦しみます。

「もう少しイメージを豊かにしたいので、たとえば、きょうの〝あなたの一日〟を話してみて下さいませんか」

重ねて私は笹田知子にいってみた。

「そうですねェ。まず……朝、私は七時半に起きました。自分の部屋の洗濯機を回しながらお掃除。そのころ、夫のところに、夫の食事が運ばれてきました。私は八時に食堂へおりていって、九時二十分まで、お友だちとしゃべりながら朝食。部屋に帰って洗濯物を干し、十時から十時五十分まで〝メンバーズルーム〟に行って、讃美歌の練習。十一時〜十一時五十分は、コミュニティルームで体操。部屋に帰って、買ってあった材料で煮込みうどんを作りました。私の昼ごはんはうどん。夫はフロントに頼んでおいたホットケーキを届けてもらう。二人でテレビを見ながら昼食。二時には、いつものようにホーム内のプールで泳ぎ、あとはフラダンスの練習で今日一日の日課は終わりました。最近は、夫と二人で楽しむために、囲碁の勉強もはじめました。囲碁はホームの中ではなく、荻窪の区民センターまで出かけて習います。――とにかくここは、いろんな人に出会えるところです。それが私には合っています」

「ホームの人間関係は、面倒ではないですか？」

「それは、自分で調節すれば済むことでしょう。原則は、深入りしないことです。めったに一緒に旅行したり、お互いの部屋に行ったり来たりはしません。そのために共用スペースがあるのですから……。みなさん、その節度を心得ていらっしゃるみたい……」

そうかも知れない。ホームの中の人間関係なんて、つかず、離れず、礼儀正しく。その節度さえ心得ていれば、何とかなっていくだろう。無駄にメシを食ってきたわけじゃない。雨も嵐も、原爆も、戦争も、何もかもを乗り越えて、やっと〝花の七十歳〟になった私たちではないか。

笹田知子の話には、なかなかの説得力があった。

べつに、わざとそうしたわけではない。広島県を除いて、何となく東日本への〝ホーム行脚〟が多かった。私自身が東京と群馬に住んでいるので、首都圏情報のほうが入りやすいということもあった。二〇〇四年の暮れ、珍しく西日本からの情報が入った。神戸のハーバーランド阪急のそばに、海の見える高層ホームが建つという。ハーバーランドと聞いただけで、十年前のあの地震の日々や流れてしまった幻の個展がよみがえる。大阪生まれ大阪育ちの私にとって、神戸は青春の思い出が、切なく詰まる町でもある。もう、はっきり都市型ホームに興味が傾いている私は、さっさと神戸へ出かけていった。二〇〇四年も押しつまった十二月半ばのことだ。

施主は港の倉庫会社だ。

震災で神戸港が崩壊した日、赤煉瓦の同社倉庫も崩壊する。その跡地に、いま地上二十五階、理想の老人ホームを建てようと社長は張り切っている。二〇〇五年七月、そのKホームが完成する。

私が行った十二月は、まだ工事用のエレベーターが動いていた。ヘルメットをかぶり、最上階のスカイラウンジ（といっても未完成だが）に上がらせてもらう。幻の個展会場になってしまったハーバーランド阪急が足下に見える。海がひろがる。潮風が頰にあたる。青春の日々、何度歩いたか数え切れないあの元町商店街は反対側の真下にある。

このホームの特徴は、都市型の典型なのに、温泉が掘ってあることだ。何度もいうが、私は乳癌の手術をしているので、温泉は苦手である。だからこそ「一、二の三で温泉に入る会」を組織し、勇を鼓して、みんなで温泉に入る練習をしているのだ。温泉のある二階には興味がないのでパスし、スカイラウンジと、震度7の地震に耐えるという〝免震階〟（四階と五階の間にある）をじっくり拝見した。その結果、

（もし、私が、ふるさとに帰るとしたら、こんなところに住みたいなァ）

と思った。けれど、料金的には高級クラスである。景色によって値段が違う。海の見える気分のいいところなら七千万台。あとは三千万台から六千万台に分布する。

ここで知り合った一人の男性と、そのあとメル友になった。町田秀雄という。

彼はすでにKホームへ、夫婦で入居を決めた人だ。思い切ってメールでたずねてみた。

「あなたは、なぜこのホームをお選びになりましたか」

彼の返事がよかった。一世一代の買い物をした男性の心情が、説得力をもって語られている。本人の了解を得て、一部分を紹介させてもらう。


Kホームに入居する決断をした理由を申し上げます。

それは私どもが二人で自立し、余生を楽しみたいからです。とくに妻の玲子に楽しみをもって暮らしてほしいのが私の真意です。

妻は昨年癌の手術を受け、幸い、少しずつ回復しています。

ほかのホームでなく、このホームを選んだ理由は、ホームにかけるこの会社の社長の夢と熱意に共感できたこと、信頼できる会社であること、ロケーションがいいこと。

夏にはクルーズ、冬には懇親会と、入居予定者のコミュニケーションまで図ってくれる熱意と努力をうれしく思いました。他と比べ、多少高価ですが、それだけの価値はあるように思いました。

以上が、Ｋホームを選んだ私の理由ですが、そもそも介護付有料老人ホームに入居しようと決断したきっかけは、やはり妻の病気です。健康で元気だった妻が入院しました時、一人で家に住み、家事、その他、家に関連した雑事に閉口いたしました。見舞いや物運びのたび病院から帰っても、家は寒く、暗く、連れあいのいない家で雑事をやりながら、書斎仕事をすることは、いかに淋しく空しいかが痛切にわかりました。

彼女が回復しても、次には私が倒れる可能性があります。どちらが残っても生活は成り立ちません。この問題を解決し、残された人生を快適に有意義に過ごすには、Ｋホームが最適であろうと結論いたしました。

私が居なくなっても、妻に楽しく、憂いなく生活してほしいと私が願うのには、理由があります。私は現役時代、研究ばかりで、ずっと両親と同居でした。妻は両親の世話、看護をし、最後まで私の両親を看取ってくれました。

私は家にはあまりおらず、研究のほかは国内外の出張等で忙しく、安月給をやりくりして、私と家族と両親を支えてくれたのは妻です。私が専門分野で思う存分仕事が出来たのは彼女のお蔭です。

私たちには、男の子が一人いますが、大学院を出たあと、欧米に頻繁に出かけ、現在は関東地方の大学に勤務しています。しかも、独身です。地理的にも親の面倒を見ることは、事実上不可能です。私たちも彼に面倒を見てもらうつもりは全くなく、自立したいと考えているわけです。

以上、

(1)Kホームが気に入った

(2)入居したいと考えた動機は妻の病気

(3)妻の苦労に報いたい

の三つに私の決断は要約できると思います。

最後の要約は、まるで学会に提出する論文のようだが、メールからにじみ出る彼の心情に、私は胸打たれる。

〝介護哀話〟の残酷さばかりが声高にいわれるが、それを乗り越えたところに、こんなに暖かい日だまりのような世界があるのか。シングルの私は羨ましいような思いで、町田のメールを何度も読んだ。

――九十二歳でホームを出た理由――

ホームの職員が私に紹介してくれる人は、少くともホームの生活に適応し、エンジョイして暮らしている人に決まっている。

しかし、どんなホームにも必ず何パーセントか、何割かは、金銭的な損を承知で、退居する人がいる。一人一人、事情は違うだろう。一度そういう人の話を聞いてみたいと思い続けていた。

ところが、意外にこれがむずかしい。ホーム側はプライバシーのこともあって、決して個人の名前を教えない。一方、退居した人は、年齢も高い。退居後の生活のたて直しに忙しい。メディアに出て、ゆっくり意見を述べる人はいない。一人だけ、伊澤次男という人を知った。彼の書いた『後悔しない有料老人ホームの選び方――入居者が教える盲点・留意点73』（講談社）という本を読んでなるほどと思った。しかし、別の人の声も聞いてみたい。

そう思っていたある日、偶然、肩をたたかれた。

二〇〇四年の暮れだった。東京・品川区へ人権問題の講演に行った日だ。講演のあと『半落ち』という映画を見たくて、そのままホールに座っていると、後ろの席から、私の肩をたたく人がいる。

「俵さん。さっき〝人権〟の講演聞かせていただきました。老人問題に興味をお持ちなんですね」

とその女性は話しかけてきた。その日、私はいま自分が興味を持っている老人虐待や老人ホーム、ひいては老人の人権について話をしたのだ。

「私の母は九十二歳なんですが、最近六年いた老人ホームを退居しました。そんな話でよろしかったら、いつでもお話ししますよ」

その日は、その人（立川邦子）の名前と電話だけをきいて、別れた。

年が明け、松の内が終わるころ、あらためて私は立川邦子に電話をかけた。以下はその時立川から聞いた話を、再現したものだ。電話の取材は二時間近くにわたった。長いので興味をひかれた部分だけをピックアップする。ふつう、こういうテーマを、掘り下げる時は、ホーム側、そして関係する人々、そのすべてに話をきくのが取材の常道だ。でも、敢えて、そうはしなかった。この本を、ここまでお読み下さった読者ならば、立川邦子の話をさまざまな角度から自由に判断して下さるだろう。一つの家族の、戦前、戦後にわたる歴史と現在を、十分理解するためには、佐藤愛子の『血脈』ではないが、掘り下げ、広げる時間とエネルギーが必要だ。お手軽な私のコメントはさし控えたい。ただ、彼女の話で、理解できなかった部分を、彼女の姉（長女の谷みどり）の書いた『祖国に背を向けたままで』（文芸社）で多少補いたい。この本は、谷みどりが、二〇〇三年、すでに出版している本だ。電話取材のあと、立川がその本を、私に送ってくれた。

立川邦子の話

私の母は大正三年生まれです。いま九十二歳です（谷みどりの本によると、その母親にはロシア人の血が入っている）。

私たちは、長女六十六歳を頭に五十六歳までの五人姉妹です。両親は満州からの引揚者です。

私の父は実業家でした。長女が、広い土地と家を継ぎましたが、代々の墓を守ってほしいと父がいって、長女の末子を正式の養子として入籍しました。自分の妻には、五人の娘たちがいつでも集まれるよう、大広間のある家を姉名義の敷地の中に、別に建ててやりました。

父は、七十歳で亡くなり、二、三年後には長女の夫も亡くなりました。彼はまだ六十前でした。

父と姉婿が亡くなってから、母と姉の確執が始まりました。姉の夫がいなくなったので、母の遠慮が無くなったのでしょう。母は、姉が子どもだった時のように、もっと早く起きなさいとか、無断で部屋に入ったりするようになりました。

「やっと自由の身になったのに、お母さんに命令されるのはイヤ」

と姉は怒ります。姉は文章を書くのが好きで、本を書きたかったのです。

母はその不満を四人のほかの姉妹に、いつも電話でしゃべります。当時、私たちは母の味方をしていました。

そのうち母は五女の家に行きたいといい出しました。姉は怒りましたが、母は近所に挨拶をし、さっさと五女の家に移ってしまいます。五女の家には三人の子がいます。やがて、その子どもたちのしつけのことで、母と五女がもめるようになってきました。

仕方がないので、二女（私）の家に五人が集まり、

「やっぱり、お母さんはお母さんの家に帰ったほうがいい」

という結論になりました。空き家になっていた母の家（長女の敷地内）に、母は帰りました。

その頃から長女と五女の意見が一致するようになりました。

「やっぱり、親といえども、成人したあとで一緒に住んでみないとわからないものねぇ……」

と五女がいい、長女が同意し、みんなもそうかなと思うようになってきました。

そこで二女の私が提案し、みんな交替で一か月ずつ母の面倒を見ようということになりま

した。つまり、月別で母親担当を決めたんです。

五人とも、お金には困っていないのに、母は当番の人に、月五万円のお礼をするといいました。二、三年は、その方式でやったのですが、やがてお勤めに出る人、子どもが受験期になった人、孫が出来て忙しくなった人、夫の仕事で海外生活をする人。それぞれの家庭の事情が出てきます。

それなのに、

「歯が痛い。すぐ歯医者に連れてって」

などと突然いわれたって、行けません。五万円のためにそこまで出来ません。

そのうち、長女は、母が口うるさいといって、独身の息子のマンションで暮らすようになりました。広い敷地、広い家の中で、母は八十歳を過ぎて一人暮らしになったのです。もちろん私たちは月別の母親当番を続けましたが、母は、さびしい、さびしいといい続けました。話し相手がいないせいでしょうか。だんだんぼけてきて、昼寝をすると、昼夜がわからなくなり、午後三時ごろに「朝ごはん、食べたかしら?」なんていうようになりました。

長女も心配して戻ってきました。

「どうしよう?」ということになり、ふたたび五人で相談しました。長女はいいました。

「私は老後自由になって、自分でやりたいことがあります。それで、お母さんの資産の相続を返上いたします。お母さんにはいま数千万の現金と、父の遺族年金が毎月十七万円あります。それをだれかが貰って、そのかわり、お母さんの面倒を見て下さい」

しかし、だれも手を挙げる者はいませんでした。その時母は八十三歳か四歳でした。だれもが母は百まで生きそうだ——と思っていました。それくらい、母は元気だったのです。

私には、リタイアした夫と客船「飛鳥」に乗って船旅をする夢があった。老後の自由を楽しみたかった。そのくらいのお金と引き換えに、自由を失うのはいやでした。

父がやさしい人だったので、母はいつもわがままを通していました。母には姑の苦労もありませんでした。母は習字も、絵も堪能、料理も上手です。趣味を楽しむことの出来る人です。長女がいいました。

「みんなで、いい老人ホームをさがそう！」

すると、母も賛成したのです。その上、母はいいました。

「私は、年をとった人とお友だちになりたいわ。料理は好きだけど、三度三度ご飯を作るのはもう面倒になった。近ごろはホテルのような老人ホームがあるようよ。そこで、毎日おいしい食事ができたらうれしいなァ……」

みんなで、手わけして、母のための老人ホームさがしをやりました。妹が雑誌の広告で、首都圏海沿いのMというホームを見つけてきました。当時Mは、全国に七つのホームを経営していました。そこなら暖かいし、価格も安い。よそは一時金を二千万も三千万もとるというのに、Mは五百八十万（利用権）です。五年以内に死ぬか、退居すれば何パーセントかが返金されるというルールでした。毎月の払いは二十七万です。

「これなら、資金的にも無理がないし……」

と娘五人は思い、母は、

「海の近くはお魚がおいしいし、暖かいから、いばる人が居なくていいわ」ともいいました。

と喜びました。「新築で先輩がいないから、いばる人が居なくていいわ」ともいいました。

一九九八年八月。

五人の娘は母を連れて、そのホームへ見学に行きました。

三階建て。三十室。小ぢんまりしていて、家庭的な雰囲気です。昔の寮みたいなホームです。母が気に入った部屋は三階の角部屋です。日当たりがよく、広さは十畳。お風呂もキッチンも、クロゼットもついていました。五人と母で、ホームの昼食も食べてみました。味はよかった。

「いずれは、私たちも入りたいわね。いいところが見つかってよかった」

みんなで喜びました。そして入居を決めました。ソファーを買ったり、ベッドを買ったり、カーテンをつけたり……。五人の娘たち全員が手伝いました。

介護については、具合の悪い時はMホームの車で送迎する。管理費だけを払えば、入院中も部屋を確保する。近くに大きな病院があって提携しているというので安心でした。

ホームへ入居する前、お金の管理は母自身がしていました。が、入居後は私または四女が、母の会計係をやることになりました。ホームに通帳やハンコを置かない方がいいだろうと判断したからです。

私が、毎月ホームに二十七万円を振込み、母の携帯電話代や、おこづかいを別途に支払う。

一九九八年十月入居。母は八十六歳でした。はじめの三年は五人の娘も、母も、「天国、天国」といっていました。母はおしゃれで、いつも髪を巻き、イヤリングをつけ、帽子をかぶって、食堂へ行きます。(谷みどり著の本によれば、彼女はロシアと満州で裕福な子ども時代を送った)母はホームで〝おしゃれさん〟〝ハイカラさん〟と呼ばれていました。この分だと、将来、母の貯金が底をつき、年金だけになったら、毎月十万円くらい足りない。その時は、五人でお金を出しあおうという話さえ出ました。

「葬式は生命保険で出るし、お墓もある。もう、何の心配もないね」

と五人は思いました。

ところが、入居して三年が過ぎた時、いままで自家方式だった食事が、外注方式に変わりました。すると、突然、食事がまずくなったのです。

「歯があるのに、おひたしはベチャベチャ、ごはんもベチャベチャ。何もかも味がない。みそ汁には、ワカメがペロペロと入っているだけ……。こんなものを、三度、三度、死ぬまで食べるのは、我慢できない……」

と母はいやがります。私の夫も、会議に出て、何回か意見をいいました。でも、改善されません。入居者の食費から、利益を上げようという姿勢が、露骨に見えてきました。

一方、Ｍホームは、ホームを新設するたびに、〝ケアさん〟のベテランが新ホームに行ってしまう。古いホームには、しろうとばかりが残る。

そのうち、いやな事件が起こるようになりました。いろいろな物が失くなるのです。要介護2になった母のボケが原因の場合もあるでしょう。しかしそうではない場合もあるでしょう。そのたびにホームから保証人である私たちに「すぐ来てほしい」という電話がかかってくる。夜中でもかかってくる。行ってみると、両者のいい分はまったく違う。ときには、母と一緒に警察まで行ったこともあります。しかし、そういうときは、ホームの主任さんが、事前に必ず警察へ行って、

「話をきいてやってくれ」

わざわざ下話しに行っているのです。そのあとへ母と私たちが盗難届を出しに行く。すると、翌日洗面所の下や、ソファーの下からさがしていた物が出てくる。

そういうことが何回もあって、もう私たち、何が何だかわからなくなりました。自分の頭までおかしくなり、疲れ果てていきました。

Ｍホームは、はじめのころ、介護人が必要になると、外部の在宅介護支援事業者に頼んでヘルパーさんを派遣してもらっていました。そのころはよかったのです。しかし三年目に、正式な老人ホームの認定をとり、自前のヘルパーさんを持つようになりました。するとホー

ムの対応が変わりました。母が〝物が失くなった〟というと、〝ああ、そうですか〟、すぐ母担当のヘルパーさんをクビにしてしまう。かえって、いやな気分でした。

入居して五年たつと、ホームの対応はますます露骨になりました。

「いやなら、すぐ出てって、いいわよ」

という態度です。

母が我慢できなくなり、いよいよ〝出たい〟といいだしたころは、もう次の人が決まっていたようです。五年たてば、母への返還金はゼロになります。新しい人を入れれば、ホームはまた新しく「五百八十万円」入るのですから、その方が都合がよかったのでしょう。しみじみ思います。何千万や億の一時金を出すホームに母を入れなくてよかった。私たちは、五百八十万円の損失で済んで、まだよかった。人生、何が起きるかわかりません。人生、最後の最後までどうなるか、わからないのですもの……。

母九十二歳。二〇〇四年の四月。母はついに六年いたホームを退居することになりました。

私たち五人は、ホームの近くのホテルに泊まりこんで、引越しの手伝いをしました。洗濯機やベッドや、ソファー、一通りの家具を買ったのですから、そして、六年間も暮らしたのですから、それなりの量になります。母の家があるといっても、ホームの家具を、まっすぐ母の家に運びこむわけにはいきません。母がホームに居る間、姉は自分の家をひとに貸していました。そして姉は母の家に住んでいました。ことし（二〇〇五年）四月、賃貸契約が切れたら、姉は姉の家に戻ります。それまで母と姉は、母の家に同居します。その間、ホームの荷物は、一時品川の貸し倉庫に預けることにしました。四月には、またその荷物の引越しです。私たち五人も年をとります。老いての引越しは大変です。でも、長女を除いて、私たち四人の姉妹には、また気兼ねなく母の家へ泊まりに行けるという楽しみが、ふたたび出来ました。

退居のためのリフォーム代を十六万円、ホームに支払いました。引越しは倉庫経由ですから、一度では終わらない。大変な思いをしても、私たちが最終的に母を退居させようと思ったのは、第一に、

「お宅のお母さんほど手こずっている年寄りはいませんよ」

というホーム側の言葉でした。

そんなことをいうところに母を置いておくのは可哀そう……五人がみんなそう思いました。もう一つは、母もすでに九十二歳。父が母にプレゼントした家で、母の人生を終わらせてあげたい。見知らぬ田舎のホームで、母が亡くなるのはどうしてもイヤだ。五人がみんなそう思いました。

母の退居を決めた時、五人で母のこれからのことを話し合いました。

母はときどき「私のお金はどうなっているの?」と聞いていた時期があります。でもいまは、お金のことは何もいいません。

私たちは、母の残っていたお金を、きちんと、長女を除く四人で分けました。長女はそのかわり、母の年金をもらう。そして母のすべてに責任を持ちます。今度は長女がしっかり、そう宣言してくれました。これで、私たちは母の会計管理という仕事から解放されることになりました。

四月までは、母の家に長女が同居して面倒を見ます。一週間に一回くらい、長女から私たち四人に「母親の介護通信」が来ます。

たとえば、こんな具合です。

「お母さんは、ホームでは杖をついていたのに、家に帰ってからは、杖なしで歩けるようになりました」

「〝やっぱり、家はいいなァ。八時までに化粧をして、下の食堂へおりていかなくてもいいもの……。しあわせだなァ〟とお母さんがいいます」

「庭でお母さんに全身浴をさせていたら〝超キモチイイ！〟と九十二歳の人がいいました」

「きょう母は、近くの施設へデイサービスに行ってきました。帰ってきて〝おなかが空いた〟というので、私がカレーを作りました。すると母が、〝あら、デイサービスでも、カレーだったわ〟というので、調べてみました。すると、デイサービスのお昼は、サバのみそ煮でした。？？？」

「お母さんは他人の飯を食べたからかしら。このごろ〝ありがとう〟というようになったのよ。前よりやさしいお母さんになったみたい……」

さあ、これからホーム帰りの〝ハイカラさん〟は、どんな日々を生きていくのだろう。若草物語ではないが、交替で〝母親当番〟をやっている中年五人姉妹がほほえましい。「グッドラック！」である。

――住まい型ホームに体験入居してみる――

私は、戦前の女学校制度の最後の卒業生にもなれたし、戦後六・三制最初の高校卒業生にもなれたという世代だ。

私自身は大阪の女学校を旧制で卒業し、旧制の専門学校へ行き、大学は新制で出た。新制大学第一回の卒業生だ。が、女学校の同級生の中には、十二歳から十八歳までずっと大阪城の前の校舎で一緒に学んだという人たちがいる。その中の東京在住者だけで同期の同窓会を作っている。

二〇〇四年度は、竹山昌子と私が幹事だった。ふつうは、秋に同窓会をやる。ところがペアを組んでいる竹山昌子が、突然、秋には有料老人ホームに引越すという。春にホーム入居を決め、長年夫と住んでいた東京の一軒家を片づけ、秋九月には、横浜のホームへ引越し、東京の家は他人に貸すのだという。

竹山昌子と私は、お互い十二歳の時からの仲だ。どちらも七十代なかばに差しかかろうとしている。お互いの体力はわかり過ぎるほどにわかる。その上、昌子は十四年前、夫を亡くしている。息子は国際機関に勤めていてアメリカ暮らし。娘は子育てまっ最中。二〇〇四年六月、昌子からその計画をきいた時、

「それを全部、あなた一人でやろうというの？」

まっ先に私はきいた。

「そう。それしかないじゃない。だれに頼める？　だれが手伝ってくれる？」

「……」

絶句するしかなかった。かりに私がそうするとしても、同じ結果になるだろう。娘と息子がいるのは彼女と同じだが、マメマメしく引越しを手伝うような子どもがこの日本の中にいるなら、お目にかかりたい。

「だって、あなたと夫の半世紀近い生活を詰め込んだおうちでしょ。それをあなた一人で半年で片づけ、その上、横浜の〝空中ホーム〟にあなた一人で引越し、あなた一人で新しい生活を始めるの？　病気になるわよ。やめなさい。無理ですよ。この年では……。せめて、東京の家をそのままにしておいて、スーツケース一つ持ってホーム入りするというのなら話は別だけど……」

私は自分が当事者になった気持でそういった。でも、昌子の決意は固い。この時、彼女は

すでにホームとの契約をかわしたあとだった。昌子が簡単に決意を変えるわけがない。

長い沈黙のあと、彼女が私にいった。

「ごめんネ。去年の秋、同窓会で次の幹事を引き受けた時には、まったくこういう予定はなかったものだから……」

「いや、それは、みなさんに話せばわかってもらえると思うし、年度内に同窓会をやれば、私たちの責任は果たせると思うけど……。でも……」

と私は口ごもり、でもやっぱりきいてみることにした。彼女に一世一代、たぶん人生最後の大プロジェクトを決意させたものは一体何だったのだろうか。

「それはねェ。二つあるの」

竹山昌子の答えは明快だった。

「二年前、もう寒くなっていた頃でした。ある晩、いつものように、一人暮らしの家に、一人で帰っていった時でした。玄関のドアが開いている。変だ。うちの中は玄関からメチャクチャ。仰天してさらに足を進めると、奥の部屋に男が一人いるじゃありませんか。男の目と私の目が合う。声も出せずに私は、いま来たコースを、逆方向に走りました。外に出ました。一一〇番をかけました。命の危険を感じました。あれ以来、私は、一人で住む家に帰るのが怖いの」

「もう一つは？」

「それは、ことしの春。冬に引いた風邪がしつこく治らない。熱とセキが続き、ついには肺癌かもしれないと思いました。健康に自信を失うと、一人で暮らす自信がなくなります。ちょうどその頃、新聞広告で、N銀の新しいホームの説明会を知った。四月です。咳きこむのでマスクをかけ、一人で説明会へ行きました。でもその新ホームは狭くて、高いと思いました。営業の人が、中古もあるよと教えてくれました。さっそく中古（彼女が買ったこのホーム）を見に行きました。立地条件、値段、利用権ではなく、所有権であること、だから自由に改造できること、駅からの道の風情、横浜にも東京にも近いこと、ロビーの豪華さ、入居者の方たちの雰囲気など。ほとんどすべてが気に入って、五月末には契約しました。それからいままで、そしてこれからも、毎日毎日片づけ、捨て、ホームの改造、新しい家具選び……。足が痛くて医者に通いながらの毎日です」

私は、昔、竹山昌子が期末試験の時、頑張り屋さんだったことを思い出した。「十二の魂、百までも」である。でも、昌子さん。あなたは十二歳ではない、七十三歳なのよ、といいたかったが、黙ってすべてを飲み込んだ。

それにしても、竹山昌子の〝二つの理由〟は妙に説得力がある。

（一人の人間が、七十を過ぎて、一世一代の大プロジェクトを決意するには、それなりのモチベーションがあるんだ）

と思う。

十一月になって、昌子の大プロジェクトも少しずつフィナーレが近づいていた。ホームへの引越しは、すでに終わった。いまは毎日のように東京の旧居に通い、せっせとゴミを捨てる日々だ。できることならば、すべてを終わり、旧居の借り手も見つけ、経済的にも安心して、年を越したかったことだろう。

私は、十二月になったら昌子の新居で会おうと約束していた。私が、この本の取材を始めてから、そろそろ五年になろうとしている。しかしホームへの引越しを、身近にライブで見るのは初めてだ。ぜひとも、新居の彼女とそして新しい生活を拝見したい。同窓会の相談はその時やろうねと私たちは話し合っていた。

十二月二十二日から二十三日、一泊二日で、私は彼女を訪問することになった。このホームには、〝体験入居〟というシステムがある。この時の私は、取材というより、旧友、竹山昌子と夜を徹して語り合いたい気持のほうが強かった。ホーム側も、それを察し、竹山のゲストという扱いで泊めてくれることになった。偶然、彼女の新しいホームの近所に住んでいた同窓の三田良子が、日帰りだけれど、加わった。

こういう時、ゲストは気が楽だ。個人の家だと気兼ねするけれど、ホームならゲストルームがある。食事も朝夕二食がつき、料金は五千六百一円。ただし、年末年始とか、お盆とか、クリスマスとか、いかにも家族が面会に来そうな時期は、ゲストルームの争奪戦になる。早目に申込んでおいたほうがいい。

約束の日の朝、私は群馬県赤城山の森の中にいた。午後二時までに昌子との待ち合わせ場所へ辿りつけるかどうか心配だった。が、それは意外に簡単だった。昌子のホームは、横浜市営地下鉄線「仲町台」の駅からすぐのところだ。私は新幹線とJRを乗り継ぎ、横浜駅へ出て地下鉄に乗った。しかし、湘南新宿ラインで渋谷に出て、田園都市線を使ってもよかったのではないか。

その日の午後二時十分。

ともかく私たち、〝竹馬の三人〟は、有料老人ホームKの豪華ロビーにちょこんと座っていた。

（こんな日がいつかあるなんて、十二歳の子ども時代には考えなかったなァ）

いささかの感慨がある。


竹山昌子の部屋は十三階にあった。

総戸数四百四十三。地上十四階。定員五百人。常住四百人。非・常住百人。住人の平均年齢八十歳。林に囲まれ、丘の上に堂々と建つ「所有権分譲方式、中高齢者専用住宅」（正式の名称）だ。所有権だから売買は出来る。が、〝また貸し〟はダメということになっている。

そこだけが普通のマンションと違うところだ。この場合の中高齢者とは、五十五歳以上になっている。昌子の部屋は、初代の所有者が亡くなり、息子が相続していたものを、昌子が譲り受けた。昌子は、三代目の所有者である。

建ってから二十二年たつというのに、手入れがいいせいか、エレベーターも、廊下もきれいだ。

昌子の部屋は平均的なタイプの一LDKだが、よそのホームに比べるとゆったりしている。バルコニーを除いて、十六坪はあるだろう。昌子らしく、すっきりと改造されている。家具はほとんど作りつけ。キッチンはオープンスタイル。客と対面し、話しながら調理が出来るタイプだ。

「買った時は、流しが壁のほうを向いていたの。私、料理ぐらいは〝現役〟でいたい。だから、自分の好きな形に台所を大改造したのよ」

「ふーん。まるで新築マンションみたいにきれいね。ずいぶん改造費がかかったでしょう」

聞きにくいことをズバリ聞いてみた。

「マンションの値段が千八百万。それに改造費が七百万。合わせて二千五百万円。この部屋は、二十二年前、新築分譲の時の価格は八千万だったそうよ」

〝ホーム行脚〟をしてきた私としては（マンションの構造上のことはわからないが）、広さ、機能、快適さだけをいえば、買い物だと思う。もし、これが、新築マンションだったら三千万円以下ということはないだろう。

昌子の部屋の夜景はきっときれいだろう。みなとみらいの高層ビル群が、左手前方に見える。夜の食事が終わったら、彼女の部屋に戻って、三人でワインでも飲みたい。五時半。「夕食の用意が出来ました」という館内放送がある。三人で下の食堂に降りていった。食堂では毎夕三百食くらい出るそうだ。夕食時間は二時間ある。それぞれ好きな時間に食べるから、そう混みあっているわけではない。しかし、全員が老人であるという光景を見たことがないせいか、瞬間、ぎょっとした。竹山昌子も、初めて食堂に来た時、

（ああ、私も、この仲間に入るのか……）

と思ったのだそうだ。

いずれ、慣れるだろうとは思うが、〝子どもばかり〟〝若者ばかり〟〝壮年、中年ばかり〟という光景には驚かない。なのに、老人ばかりだとなぜ驚くのだろう。考えてみると、自分もその仲間なのに、自分ではそう思っていないふしがある。幼稚園、小学校、高校、大学、そして若者ばかりのレストラン、ＯＬ食堂、中年お父さんの社員食堂、オバサンたちの「冬ソナツアー」。みんな見たことがあるし、見慣れた風景だ。だから、おばあさんには、あまり驚かない。しかし、白髪とハゲのおじいさんばかり……という光景を、かつて私は見たことがない。おじいさんは、いつも、あちこちに散らばっている存在だ。国会にもいるし、社長室にもいる。ロータリークラブにもいるし、学会や、ハローワークにもいる。

でも、それは、すべて、若者や中年や初老たちと混じっているのであって、おじいさんだ

けというのは、ほんとに見たことがない。なぜだか、わからない。おじいさんは、あまり出歩かないのか、群れないのか。それとも絶対数が少いのか……。

とにかく、ぎょっとしたのだ。

おじいさんだけ。ペア。おばあさんの賑やかなグループ。いろいろだ。杖をつくおじいさんをよぼよぼしたおじいさんが支えている光景もある。

目が慣れるのに、時間がかかった。

やがて、目が慣れ、目の前のメニューを見ると、だめだ。食が進みそうにない。私は〝茶碗屋さん〟だから、食器はとくに気にかかる。こういう食器は嫌いなのだ——というのばかりが並んでいる。私のような職業の人間は、どこの老人ホームであれ、ホームというところには入れないいんじゃないか。心配になってきた。

メニューは、こんなものなんだろうか。

●みそ汁には、トウフのほかにしめじやマイタケが入っている（トウフはいいのだが、私はキノコ類がきらいだ）

●とり肉のオオバ焼。ピーマン、カボチャ、シイタケのサラダ添え（私はとり肉が好きでない……）

●マグロのゴマ油和え（まあ、まあか）

●カキと白菜のあっさり煮（変に薄味。それに色のとり合わせが悪い）

●カブのぬか漬け（大好き）

●ごはん（これのみ、おいしくおかわりをした）

この夜の食事には、どうも〝老人は、こういうものが好きだろう〟という思い込みがあるような気がする。老人といったって、いろいろあるサ。私はイタリア料理とタイ料理とフランス料理が好きなんだ。

察してか、昌子がいった。

「お部屋に戻ろうか。私の手料理で、ワインを飲もう」

といってくれた。

この夜、彼女が酒の肴に出してくれたシンプル料理のおいしかったこと。たとえば、セロリのゴマ油和えなんて、バリバリ食べちゃった。老人ホームの料理は、凝り過ぎなんじゃないだろうか。

昌子が十年間介護したという夫のMさんの仏壇にまずご挨拶をした。彼女は、このホームに入るため、仏壇まで小さいのに買い替えたのだそうだ。まず仏壇を入れ、残ったスペースを作りつけの家具にしたという。

セロリを食べ、ワインを飲んだのは、そのあとである。念のため。

「ねえ、昌子さん。ここへ越してきて、何が一番いい——と思った？」

「あのね、何ていうのか。ホッとするの。ここは自分以外に、生きものがいっぱいいるという感じ。さびしくないの。東京の郊外の住宅街の一軒家のほうが、ずっと、ずっとさびしかった。

そしてね、ここの玄関に一歩入ると、同じ価値観の人たちがいると思って安心する。外は、怖いじゃないですか。いつ刃物を振り回す人に出会うかわからない。なんで怒っているのかもわからない人が、次々人を殺したりする。ここでは、少くとも私の家に入り込んでいた、あの種の男に、家の中で出会う心配がない。玄関、フロントには、二十四時間人がいてくれる。ホームで会う人は、エレベーターの中でもすれ違う時にでも、にっこりほほえんで会釈をしてくれる。

ホッとする。安心する。恐怖がない。

やっぱり、それが、一番かなァ……」

そういえば、このホームでは、見知らぬ人同士が、かならず会釈をする。おじいさんたちは、エレベーターの前で、まるで英国紳士のように、「どうぞ、どうぞ」と私たちに先を譲ってくれる。男がそういうことをしてくれる存在だなんて、なんと、久しく忘れていたことだろう。

古いといわれようが、時代おくれといわれようが、私たちはそういう価値観の世界で育ってきたのだ。生きてきたのだ。鼻や耳や唇にまで、穴を開け、輪っかをつけるような人種よりは、私はまがいものでもいい、英国紳士のほうが好きだ。昌子のいうことはわかる。とにかくいまの日本、子どもも、女も、老人も、生きているのが怖い国になってしまった。

こういう感想をホームに入った人から聞くということは予想していなかった。入ってみなくてはわからない感想である。

「ほかには、どうなの？」

と私はいった。

「やっぱり、郵便や荷物の受け渡しとメッセージかなァ。まだ入居して三か月だから、すべてのことがわかっているわけではないけれど、荷物のことは、その日からありがたかった。東京の旧宅にゴミ処理のため、毎日出かける。まァそれが済んでも、私は習い事や勉強会でしょっちゅう出かける。留守中に届いた物は、すべてフロントで預かっておいてくれる。重たい物は部屋にまで運んでくれる。宅配便を出す時にも、預けておけばやってもらえます。長期の旅行をする時にも留守を頼んで行ける」

「ネコや犬は？」

「ダメなんです。でもベランダの植物に水をやってもらうとか、風を通してもらうとか。有料サービスも無料サービスもありますが、とにかく頼めるというだけでもありがたい」

そうか。共同で秘書を一人やとっているようなものだ。私は現在専属の秘書なしでは仕事が出来ない状態だが、仕事が減れば、そういう方式でもやっていけるのだろう。

「買い物、料理は？」

「買い物は生協が部屋まで配達してくれるし、ほんの日用品なら、一階に売店もあります。いまは自炊が出来るから、月の払いは管理費七万と給湯、光熱費、電話代の合計九万五千円だけ。三度三度、食堂で食べるよりはずっと安くつきます」

「じゃァ、ホームで、ここがいやだなと思うことは？」

「そうねえ……」

しばらく考えて「きちんとして、下へ降りて、食事をしなければならないことかしら……」。

それは、私も感じていた。

一日、家の中に居ることの幸福は、ノーメイクで丸一日、だれにも気を遣わず、仕事や好きなことが出来ることだ。なのに、いちいち化粧をし、服を着替え、郵便物をとりに行ったり、一階の食堂に行くのはほんとに面倒くさい。殿方がネクタイをつけていらっしゃるのだから、女の私たちもきれいにしなくちゃと思いつつも、やっぱりいやだ。面倒くさい。

それを考えれば、彼女の自炊方式に私は賛成だ。

気になったのは、介護のことだ。

このホームは「住まい型」で「介護型」ではない。一階に看護師のいる健康管理室と協力診療所はある。けれど、二十四時間態勢のケアを受けることは出来ない。そういう時には、はるか離れた介護専用の「N銀ケアホテル」（有料）へ行かなくてはならない。

「その点は、どう考えているの？」

　と彼女にきくと、

「私は病気と介護はまた別に考えればいいと思っているの。でも、いまこのホームでも入居者の運営委員会やホーム側の管理組合、下請けの管理会社などが、ホーム内に在宅介護支援センターの設立を考えているようです」

　いま、健康に恵まれている彼女は、本格的な病気の時のことをまだ考えていないようだ。しかし介護保険を使っても、一人暮らしの在宅療養には限界がある。次の段階でどうするのか。それは彼女の課題だし、このホーム全体の課題でもあるだろう。


　一階のゲストルームで一泊し、ふとんを畳んだあと、私は十三階の彼女と待ち合わせて食堂へ行った。ゲストは五百円、入居者は三百十五円の朝食。「ごはん。トーフステーキ。和え物。焼きのり。梅干とみそ汁」あわせて四二〇キロカロリーだそうだ。でも、私はパンの方がいいんだけどなァ……。

「私は、きょうは特別、あなたのお食事につきあってあげているのよ。ふだん私は、自分の部屋でパン食を食べている」

　と昌子がいった。私が入居したとしても、たぶんそうするだろう。女も、男も、三度三度の食事から解放され、しかも快適な食生活を維持することはまことに難しい。

朝食のあと、ホールでは、管理会社と入居者運営委員会の会合が持たれていた。よそ者の私は、入れてもらえない。激しいやりとり、大声のヤジや意見が、廊下の外まで聞こえてきた。


別れる前、豪華な広いロビーで私は昌子に提案した。

「ねえ。今度の同窓会。いつもとガラリと趣向を変えて、あなたの新居を見学するというのはどうかしら。いつもいつも、東中野の日本閣じゃ、倦《あ》きたという人もいるでしょう。わずか十二、三人の会ですもの……」

「そうねえ。せっかく立派な迎賓室があるし、喫茶からコーヒーもとれるんだし……。ここは私の家なんだものね。個人の家では出来ないことが、ホームなら出来てもいいわけですものねえ」

と彼女も賛成してくれた。

二月十日、私たちは、前代未聞、老人ホームでの同窓会を敢行した。

面白いことに、かつての同窓会の中で最高の出席率だった。

（そうか。みんな、私と同い年だもんネ。興味の対象は同じなんだ）

と私は思った。

――好みと値段が一致しないホームたち――

お金のことは別にして、

（あそこなら、身を置いてみたいな。置いてみてもいいかな）

と思う場所が、自然に出てきた。

理屈ではない。感覚の問題としてだ。

もちろん、四年間、私が歩いた場所はまことに限られている。まだ見ないすばらしいホームが、きっとどこかにあるに違いない。あるいは、見もしないで除外したホームの中に、ひょっとすると、すばらしい場所があったのかも知れない。でも関係者の一人から、

「俵さん。あそこは、〝作家〟だったら、文化勲章クラス。ビジネスマンなら、一部上場会社のトップクラスが入るホームですからね」

なんていわれると、見に行く気持は無くなってしまう。いや、もっと露骨なうわさもあっ

た。

「あそこは、普通の人が入るところではありません。映画俳優とか、田園調布、成城などに豪邸を持っておられる方がお入りになるところです」

そんなことをきけば、うわさの真偽を確かめに行くのもいやになる。

まして、首都圏以外のところには、ほとんど足を運べなかった。もの書きとして、日常的な仕事をしながら、赤城山で陶芸教室と、小さな美術館を経営している。ボランティア活動として癌の患者会をやりながら、である。その中で約百か所の〝ホーム行脚〟をするのが、私としては精いっぱいだった。

だから世間の実用書のように「優良ホーム百選」なんていう内容にする気はさらさらない。ホームのインフォメーションと斡旋《あっせん》を仕事にしているところは最近とみに増えている。インターネットで調べてみればよくわかる。

もとはといえば、あわれだった母の最後の七年を、どうしてあげれば、いま少し、母やわれわれ家族が幸せになれただろう、そう考えることから始まった「ホーム行脚」だ。

(母を、こんな場所に置いてあげたかった)

と思う場所は、当然のことながら、私自身が気に入る場所に決まっている。きわめて主観的、感覚的であり、いささかの普遍性もない。

それを承知で、いわせてもらえば、あそこへもう一度行ってみたい、と思うホームがたった一か所だけ出てきた。ＮＨＫ学園「俵萠子の元気老年学」講座で、講座生と一緒に歩いたホームの一つだ。なぜそう思うのか。分析はあとに譲るとして、二つだけ理由をあげるとすれば、介護付終身利用型有料老人ホーム、杉並区高井戸のＬホームは中野区の私の自宅から比較的近いということ。もう一つは、そこに住む人たちと私の気が合いそうだという、わかったような、わからないような理由だけである。「そこの住人」といったって、私がきちんと話をしたのは、笹田知子だけだ。あとは、ヴァイオリンを抱えて外から帰ってきた男性と、二言、三言言葉をかわした。そのほかは、ロビーや廊下を歩いている住人を見ていただけである。

「でも、もう一軒、体験入居をするとしたら、杉並のＬホームにしたいんだけど、あなたも一緒に行ってくれない？」

あの時、ＮＨＫ学園でコーディネートをしてくれた伊藤恭子に相談すると、

「わかりました。連絡してみましょう」

と引受けてくれた。そして、一緒に泊まってくれるともいう。前回、横浜のＫホームに泊まった経験から、一人ぼっちで、ポツンとホームにいるのはいやだな、と思う。老人たちは、みんなそれぞれ、一人の人は一人、夫婦は夫婦、グループはグループ……と世界が出来上がっている。食堂で座る場所まで決まっているように見える。Ｋホームの大食堂に入っていった時、どの席に座ればいいのか、妙なことにとまどった。たとえば、私がそのホームの住人

だとする。「私は二つ目の窓の下の、この席が好き」というお気に入りの場所がたぶん出来てくるだろう。その場所に、体験入居などという〝ヘンな奴〟が突然座っていると、私は決して面白くはないだろう。そう思ってKホームの大食堂で、私はうろうろしていた。竹山昌子が、

「ここら辺がいいんじゃない？」

といって私を誘ったのは、中央の中央。あまり人が座りたがらないような席だった。昌子も自炊をしているからたぶん、この食堂に「暗黙の席」がなかったのだろう。

あの時の気分を思い出すと、たった一人で体験入居し、ポツネンと食堂で食事をするのは気が進まない。それに、Lホームは二度目だ。今回は取材をするという目的もない。こういう立場は生まれてはじめての経験だ。伊藤恭子の同行がありがたかった。
二、三日して、彼女から電話がかかってきた。
「体験の人は、事前に看護師とチーフヘルパー、二人の面接を受けることになっているそうです」

「えっ？　なんで？」

「健康状態をチェックするらしいです」

「ええ？　だって、私たちちょうど一年二か月前、あそこへ見学に行ったじゃない。そしてその時あちらの職員さんにもたくさんお目にかかったじゃない？　なんで、いまさら健康チ

エックなの？」

「さァ、わかりません」

私たちは首をひねった。ひょっとすると、体験は、入居を前提にした人だけ受け入れているのかも知れない。そして入居の希望者なら、健康チェックは当然だ。

しかし、面接は、どたん場になって、ホーム側からキャンセルしてきた。私が元気よくテレビに出ている姿でもご覧になったのかも知れない。

伊藤恭子と私は、二〇〇五年一月十四日、午後二時、ふたたびLホームのロビーで落ち合うことに決めた。その日、試しに私はタクシーに乗ってみた。中野のわが家から高井戸Lホームまでは十五分。料金にして千八百六十円という距離だった。

（このロビーは、何度来ても落着く場所だ。横浜のKホームのようにケバケバしていないからかしら……。でも、広過ぎて、ちょっと寒々しているかな）

そんなことを思いながら、体験入居の手続き終了を待っていた時だ。

「アラー、アラ、アラ……」

といいながら、一人の女性が現れた。私は私で、

「えーっと、あなたは……、ホラ、ホラ……」

と遠い記憶をさがす。

その人（田上繁子）は、ある出版社の編集者だった人だ。直接私の担当ではなかったが、

私の自宅に原稿を取りに来たことがある。

お互い、会わなくなって二十年近い。

「あなた、こんなところにいらしたの！」

久しぶりの再会が老人ホームだなんて、ちょっと面白い話ではないか。

「母が失明寸前になったので、定年までに一年残して会社をやめ、母と二人でこのホームに入りました。第一号の入居者でした。一九九〇年です。木島則夫さんご夫妻もいらっしゃいました」

それにしても、当時ここは〝億ホーム〟といわれたところだ。田上繁子は、そんなにお金持だったんだろうか。知らなかった。そう思っていると、彼女の方から説明してくれた。

「母と住んでいた家が世田谷の駒沢にありました。それを売って入居したんです」

一九九〇年といえば、バブルの絶頂期だ。駒沢の一戸建てを手放せば、十分ここを買えただろう。ただし、ここの入居金は横浜のKホームと違って利用権だ。彼女はシングルだし、子どもがいないから、利用権でもよかったのだろうか。

「でも、どうして、私がここに居ることがわかったんですか？」

ロビーは広い。ソファーは堂々として背もたれが高い。その中に沈み込んでしまうと、容易に人は見つけられない。

「あら、ちゃんと、フロントに『きょうの体験入居者は俵萠子』という紙が貼ってありましたわよ。だから、探しにきたんです」

　ここではＩＤカードを首からぶら下げるようにとはいわれない。横浜ではいわれた。そのかわり、フロントに掲示して、入居者に周知する。それも保安対策の一つだろう。横浜のＫホームは十四階建て。定員五百人。Ｌホームは三階建て。定員は百人。その違いが、こんなところに出てくる。

　前回は気がつかなかったが、このホームには「メンバーズサロン」という部屋がある。メンバーと一緒にそこへ行くと、黙っていても、お茶やコーヒーが出てくるという。

「へえ。サービスがいいのねえ。そして、それはおイクラなの？」

　連れていってくれた田上繁子に私はたずねた。

「タダよ」

「タダ？　ウソッ」

「いえ。ほんと、タダです。たぶん、どんな家に行っても、お客さまには、お茶を出す。外から帰ってきた人にもお茶を出す。そういう意味あいだと思います。だから、お金をとらない」

　あとで田上の私室を見せてもらったり、私と伊藤恭子が泊まる部屋を見たりした。広さは多少違うけれど、こういうホームでは、私室はほぼ寝室だと考えるのが妥当なようである。だから個人の家のリビングというか、応接間に当たるところが、メンバーズサロンなのだろう。

見ていると、外から帰ってきた人、食後のひと休みをする人、親しい友人と一緒の人、朝の新聞を読む人、入居者はくつろいで、さまざまな使い方をしているようだった。

このほか「ミニサロン」、「ファミリーキッチン」、茶室、和室、いろいろな共用スペースがある。こういうところで、少人数（といっても十二、三人まで）のパーティが出来る。私たちが横浜のKホームでやったような小ぢんまりした同窓会、三世代の家族会、あるいは、場所がなくていま私が困っているボランティア活動（癌の患者会）の役員会なんかも開けるかも知れない。

（狭い。狭い。荷物を入れるところがない）

というのがホーム最大の弱点だが、もし、そういう社会的な活動が共用スペースで出来るのなら、断じてこれはホームの強味になる。高級ホームでは、概して共用スペースと個人スペースが同じ広さになっている。個室は十五坪だが、機能としては三十坪。そういう使い方が、どこのホームでも実際にできているのだろうか。それとも、共用スペースをある特定の人が頻繁に使用すると、自分は使わないのにアレコレいう人が出てくるのだろうか。もしそうだとしたらもったいないことだ。こんなに素敵なスペースをきょうは誰一人使っていないではないか。二日間、まったくひと気の無い「ミニサロン」や「ファミリーキッチン」「だだっ広いロビー」や和室を見ていて、つくづくそう思う。もし、アレコレいう人がいて、みんなが遠慮して使わないのなら、共同住宅に住む意味がないのではないか。

田上繁子は、お茶、編み物、チャイナペインティング、歌舞伎、自彊《じきょう》術などと趣味が多い。ほとんど毎日出歩いているのだそうだ。わけてもお茶が好きだという。そういえば、このホームの三階には、すてきなお茶室や茶庭があった。彼女はそこで、月二回はお茶を点てているという。

「あすは、熱海の初釜にいくんです。せっかく〝体験〟に来て下さったのに、朝が早くてごめんなさいね」

と田上がいうのをきいていて、私は母のことを思い出した。

（母さんも、このホームだったら、お茶をやれたのに。ここでは教えることも出来るというし……）

と思った。

田上繁子の部屋で、私が胸に応えたのは、安楽椅子の上に、おしゃべりをするぬいぐるみの犬が置いてあったことだ。彼女がつけているその犬の名前は忘れたが、触るとその犬は百八十語を話すといった。

私が触らせてもらうと、

「もう、そろそろ寝ようかな」

とその犬がいった。私はつい、

「まだ、早いですよ」

と答えて思わず笑ってしまった。

このホームでも、犬、猫はダメだという。いま、赤城の森の家で私は、毎日二匹のホンモノの犬と話している。

「オカエリ！　クーちゃん。また、お出かけ？」

「さっきあげたばかりじゃない。そんなに甘いものばかり食べたら、糖尿病になるのよ」

「さくらは、妹なのだから、もう少し遠慮しなさい。クーちゃんはおばあさんなんだから、大事にしてやって……」

犬との会話（？）が好きだ。そんな私がもしこのホームに入ったら、さっそくしゃべるぬいぐるみを買わなくてはならない。

田上繁子の部屋にいる時、彼女が何度か私にいった。

「ここも十六年たって、運営がやっと軌道にのりました。いまは食事と介護が、とても充実してきたのよ」

夕食の時間になり、伊藤恭子と一緒に食堂へ行く。前回会った笹田知子が、仲間と一緒に待っていてくれた。

「ご無沙汰！」

「お待ちしてました！　お二人のお席もとってあります。あ、その前に、夕食は二つのメニューから選べます。食堂の入り口のところで選んできて下さい」

まるで、旧友に会ったみたいな歓迎だ。

「ハンバーグのディナー」と「きのこそば」がチョイスできた。迷うことなくハンバーグを選ぶ。

知子の仲間六人に囲まれて、伊藤恭子と私が食堂に座る。知子が、

「日本酒？　ワイン？　ビール？」

ときいてくれた。

そんなことは、どのホームに行ってもなかったことだから、きょとんとする。

「ここでは、銘柄は選べないけれど、何だって注文できるんです。もちろん、お気に入りのお酒をご自分で持ちこむこともＯＫです」

八十三歳。男やもめの横田が解説する。まさか私、本日は「八海山」を持参してはいない。

「ハイ。何でも結構です。今夜はビールに致します」

と答えた。ハンバーグなら、やっぱりビールだろう。

まァ、それからの賑やかだったこと。

われら八人の食事軍団のところに、さきほどの田上繁子とその仲間。前回ヴァイオリンを抱えていた男性とその妻。さきほどホールで室内楽の練習風景を見学に行った時、顔を合わ

せた人たち。そのほか、通りすがりの入居者の方々。みんな何となく近づいてきて、楽しい会話がはずんでいく。

もちろん、終始一貫、窓際で沈黙して食べ、沈黙して立ち去っていく人もたくさんいる。その自由さが、私は気に入った。

「ここは、食事がいいの。わずか九十七人（その日現在の入居者数）だから、好みを覚えていてくれる。ほら、私だけホウレン草のおひたしにゴマドレッシングがかかっていないでしょ。私がゴマを嫌いなことを知っていて、かけないでおいてくれる」

といったのは、向いの席の窪田たみ子だ。この人は、クサヤのあぶったのを自分で持ってきて、私にもすすめ、私と一緒にビールを飲んでくれた。

私も何だったか忘れたが、一つ冷めている皿があった。そのことを係の人にいうと、

「ハイ。すぐ温めてまいります」

気持よく電子レンジでチンをし、持ってきてくれた。

まるで、わが家にいる気分だ。

ついでにいうと、翌日の朝食も、和と洋の二種類。サラダバーがあって、好きな野菜だけが選べるようになっている。パンはクロワッサン、食パン、もう一つ丸いパン、合計三種類の中から選ぶことが出来る。バターやジャムも同様。べつにホテルのバイキングほど贅沢でなくていい。この選べるということが大切なのだと思う。

伊藤恭子と泊まった体験用ゲストルームは一ＬＤＫの二十坪弱。介護料金（ホーム独自の介護サービス料）五百万円を含めて七千百五十万円の部屋だという。

普通のマンションだったらこんな狭い部屋に、たとえどんなにお金を持っていたとしても、七千百五十万円出す気持にはならないだろう。これでいう〝介護がいい〟というのは、いったいどんな状態のことなんだろう。これぱかりは、経験してみないとわからないのかな。そう思っていたら、前夜、食堂で知り合った窪田たみ子が、私を呼びに来てくれた。

「俵さん。あなたは本が多過ぎてホームに入るのは無理だとおっしゃっていましたよね。私の夫は、大学の教師で、詩人で、本も書くし、本の虫のような人だったんです。このホームも本だらけです。二年前に亡くなりましたけれど、いまも本はそのままです。乱雑ですけれど、ごらんになりますか？」

ありがたいお申し出だった。私がいま、何よりも悩んでいるのは、書庫にある何千冊か、何万冊かの本だ。本と共にホームに入った人がいて、いったいその人の暮らしはどんな風になっているのか。一目でいい。拝見したかった。

私は窪田の部屋を訪問した。

なるほど、すごかった。二戸の家をつなげたという住まいは、おそらく、このホームで一番広いうちだろう。でも、歩ける面積は、このホームで一番狭いうちだったかも知れない。

私がホームに入っても、たぶんこれに似た住み方になるだろうと思うと、なんとなく彼女に親しみを感じる。彼女もそう思ったのかどうか。

「俵さん。この本、夫が詩を、私が絵を描いて出した唯一自費出版の本なんです。貰って下さいますか」

と一冊の本をくれた。

私家版『樹木頌』窪田般彌、画・窪田たみ子
――という本だった。二人には、子どもがいない。たぶん、この本が、二人の子どもだろう。入居する少し前に出版されていた。

窪田たみ子が話し始めた。

「このホームには、介護のヘルパーさんが二十五人います。看護師さんが十二人（うち常勤は五人）。夜間は一人。昼間は二人。非常勤ですが、週二回来る嘱託医が二人います。

入居して間もなく、夫が心臓動脈瘤になったことがあります。その時はホームの診察→提携病院である河北病院→東大の専門医→九時間の手術。夫はやっと命をとりとめました。その連携のよさは、見事でした。

最後の病気になった肺癌の場合は、ホームの診察→提携病院→ホームのケアセンター。本人の希望通り、ホームでみんなに見守られ、温かい介護の中で亡くなりました。私も同じホームの中ですから、心ゆくまで夫のそばに居ることが出来ました」

笹田知子も、パーキンソン病の夫の介護について、十分に満足していると話していた。とくに夜間、夫を介護居室に預かってもらえるので、妻が睡眠を十分にとれる。そのことを感謝していた。

Lホームでは、介護が三階建て方式になっている。一階は介護保険によるサービス、二階は上乗せするホーム独自のサービス（入居時にとる五百万円を充当）、三階は別途徴収する有料サービス。

介護については、私自身経験していないので何ともいえない。

でも、七年も病むのだったら、母はこんなところの方が気が楽だったのではないか。そして、妹も私も、弟夫婦に気兼ねをせず、いつでもゲストルームに泊まって母を見舞うことが出来ただろう。何より弟夫婦がいちばん助かったにちがいない。おむつを替える、替えないで夫婦喧嘩をする必要もなく、母は母で「パニック症候群」に陥らずに済んだだろう。

ただし、それには、母の財産のすべてを投げ出す必要があった。いや投げ出しても、なおかつ足りなかったかも知れない。いいかえると、子どもに一切の美田を残さぬ覚悟が親には必要であり、子には、親の財産を一切当てにしない覚悟が必要だ。

五百万円の入居一時金、そのほかに厚生年金という程度の中クラスホームでも、考え方は同じだ。基本的には同じ覚悟が、親にも子にも必要だ。それが親子双方に出来るかどうか。

それが「介護哀話」解消への、一つのキーポイントになるだろう。いままでそれだけは伏せて介護の問題が語られてきたと私は思っている。

ただし「親の財産がまったくない」という場合。これは、また別のお話になる。


ところで、話は戻る。

なぜ私はLホームにだけ、もう一度行ってみたいと思ったのだろう。

東京のわが家から、近いこと。「そこの住人」とは気が合いそうに思ったこと。この二つは、確かなことである。事実、私は二度目のLホーム訪問以来、すっかり「あそこの住人」と仲よしになり、その後も楽しい交流が続いている。

しかし、決定的なことは、四年間の〝ホーム行脚〟の中で、自然に、ホームに対する私の嗜好が定まっていったことだ。その結果、Lホームだけが私の視野に残った。そういうことになるのだろう。

まず、どんなに素敵なホームでも、自分の生活圏の中になければ、選ぶのは困難だ。広島県の御調《みつぎ》町をどんなにいいなァと思っても、ついに住めなかったのはそのためだ。「住み慣れた土地」ということをバカにしてはいけない。それが第一条件になる。

つぎには、(1)の都市型かリゾート型かだ。私の場合、リゾートは、赤城山があるので十分充たされている。年をとると車の運転の問題があるので断然都市型がいい。(2)の大きいホームか、小さいホームか。これは、中くらいが一番気に入った。⑶健常型か、介護型か。やっぱり健常型が楽しいに決まっている。でもそういうところは、高過ぎて入れない。⑷自宅をそのままにして入るか、処分して入るか。そのままにして入るのがいちばん楽で、いいに決まっている。でも経済的事情がそれを許さない。ときには、親と子の自立心の無さが家の処分を許さなくて、すべてをパーにすることがある。⑸食事を重視する。これは、私の考え方が正解だった。ここまでお読みいただいた方なら、食事の大切さが十分おわかりになったことだろう。

そして最後に、「住まい型」か「介護型」か「病院型」か。この三つの選択。これも一番いいのは、三つがドッキングしていること。それがいちばんよろしい。しかし、ドッキングすればするほど値段は高くなる。どこらで手を打つか。どこらで諦めるか。

調べていて、しみじみ思う。ご商売の方々は、ほんとによくお値段を研究していらっしゃる。感心するばかりだった。伊達や酔狂で値段をつけてはいない。

逆にいうと、調べれば、調べるほど、金の足りない（敢えて無いとはいわない）ことが、悲しく、口惜しくなってくる。

いいなァ……と思うものは、高くて手が届かない。

「安い」と思うものには、何らかの不満と心配がつきまとう。

このギャップを埋めてくれるのは何だろうか。きっとそれが政治というものであり、行政の力ではないのだろうか。さし当たって、とても気持がよさそうだった特養ホームの姿が目の前に浮かぶ。たとえば、広島県御調町のあの素敵な特養ホーム。あんなホームにたいして待たずに入れるようになったら、少しはＬホームの値段も、下がってくれるのだろうか。下がってくれたら、きっと私はＬホームに飛んでいくだろう。あそこでは、すっかり仲よくなってしまった仲間たちがきっと私を待っていてくれるだろう。

あとがき

四十代、五十代、六十代。それぞれの「幸福シリーズ」三部作を完成したのは、二〇〇三年の十一月だった。三十年もかかった仕事だったから、しばらくゆっくり休みたかった。

にもかかわらず、ほどなく私は焦りはじめた。母の病いの進行と並行してはじめた老人施設の取材資料が、やたら書斎のスペースを占拠しはじめたからだ。

五年前から読みはじめた、人生のラストステージに関する膨大な本たち。特養ホームやグループホームからはじまって、デラックスなマンモス老人ホームに到るまで。訪ね歩いた老人施設は百か所近くになるだろうか。

(なんとか、子どもの人生を巻き込まずに死ねる方法はないものか……)

私自身の必要性からはじめた取材だった。周りを見回すと、同じことを考えている人が大勢いた。ならば、せっかく集めた資料、せっかく考えたことを一冊の本にまとめてみよう。早い方がいい。私の思いが冷えないうちに、と思った。

もう一つ、別の焦りもあった。

母の七年間の病いと、そして死。私自身の乳癌と交通事故。二つの死に直面していた日々が、一日一日遠くなる。忘れるというのではない。記憶や悲しみは、時間と共に変質していくものなのだ。このあたりで掬《すく》いとっておきたいというタイミングが、もの書きにはある。私にとって、それは「いま」だった。

大決心をした。資料の整理からはじめた。プラスチックの透明棚を二十一段買った。つぎは、資料と取材メモの読み直しだった。五年間かかったものを読むには〝五年かかるのか〟と思うほど、最初は大変だった。しかし、読み直すことによって見えてきたものがあり、五年かからずに整理が出来た。

机の前に座ってからは、三か月だった。最初の一行から最後の一行まで、四百字詰原稿用紙でいうと、三百三十枚。それを書き下ろした時は、さすがにホッとした。

大老の母は、すでに逝った。中老の私のあとには、団塊の世代が続く。新しい初老軍として参入する。新・初老軍は、同時に介護の現役兵でもある。五十代以下は親のこととして、六十代は自分と親、両方のこととして、七十代以上は自分のこととして、読んでいただければ幸いである。

最後になったが、この本はじつに大勢のかたのご尽力と励ましによって誕生した。読売日本テレビ文化センターの小林政弘氏、ＮＨＫ学園の伊藤恭子氏のお二人は、それぞれご担当の講座を通じて、老人施設取材にお力添えをいただいた。また両講座生の皆さんからは「俵さん、まだ本になりませんか？」と、いつも励ましていただいた。中央公論新社の福岡貴善氏は高齢者虐待調査をはじめ、さまざまな取材を助けて下さった。同社の長谷川宏氏には亡き母の形見の帯で装幀するといううれしいアイデアをはじめ、すばらしい本づくりにご尽力をいただいた。

母のそばにいて、最後まで母を大切にしてくれた弟とその妻の麻里さん、ありがとう。

そして、最後の最後に――。

お母さん。

この本を、いちばん先にあなたに読んでいただきたかった。それが出来ないことを、悲しんでいる萠子です。でも、これからも、あなたのために本を書きます。たとえ読んではいただけなくても、私は死ぬまであなたのために本を書くのです。

この本では、すべての方の敬称を略したこと、仮名の方がたくさん居らっしゃること、そして、金額など数字と肩書はすべて取材した時点のものであることをお断りして筆を擱《お》く。

二〇〇五年四月二十七日

俵　萠子

解　説——ついのすみかの青い鳥

樋口恵子

俵萠子さんという人

畏友、俵萠子さんは、二〇〇八年一一月、急な病で亡くなった。七七歳という、青春に対して言えば盛老期、これから十分仕事をすすめ、自分の人生も楽しめる年ごろである。人生一〇〇年時代と言われる今、まさに七合目で逝ってしまった。

俵さんは昭和五年（一九三〇年）大阪生まれ。戦後男女平等の学制改革に間に合って、男女共学の新制四年制大学の第一期生として卒業した。男性と同資格の記者として女性を採用する新聞社が出てきて、俵さんは難関を突破して女性記者となり、女性ならではの新鮮な視点でたくさんの記事を書き紙面を飾った。職場結婚して二児を育てながらの共働き奮闘記『ママ、日曜でありがとう』はベストセラーとなり、テレビドラマ化された。フリーの評論家としての俵萠子さんはこうして華々しくデビューした。母親の就職に対して批判的な意見が強かった当時、俵さんの明るく肯定的な共働き論は、どれだけ同世代やあとに続く女子学生世代を励ましたことだろう。私の周辺にも、俵さんの共働き論に勇気を得て仕事と子育てを両立し、まもなく定年を迎えようとするベテラン編集者がいる。

私はちょうどこのころの俵さんに出会った。周囲に明るいオーラが立ちこめて天女のようでまぶしかった。私は子持ちで出版社に再就職、その間夫が急死して、女性問題の研究会に属しながら物書きへの道を模索する無名のライターだった。あるパーティーの席上で紹介されたとき、この天女はいたって気さくに応じてくれた。「それじゃ、今度ウチへ遊びにいらっしゃいよ」。私はほんとに小さな取材にかこつけて遊びに行った。以来四〇年に余る長い交友関係であった。ある時期からテレビをはじめとするメディアなどでの活動が重なったので、長女俵萠子さんにつづいて、一つ違いで生まれた次女吉武輝子さん、その一つ下の三女、樋口恵子が「三人娘」と呼ばれたこともあった。三人は個性が違い、それぞれの表現方法をとって現在に至っているが、ジェンダーはじめ社会に対する基本的認識は三人に共通していたと思う。二〇〇三年に、私は蛮勇をふるってあの強大な現職、石原慎太郎東京都知事に挑戦した。無謀な挑戦に、俵さん、吉武さんが示した惜しみない協力を、私は生涯忘れることはないだろう。

このところ三人が集まると、だれかが口火を切っていつも同じような会話がいっぺんは交わされた。

「ねえ、おたがいに長生きするのが友情の証ですからね。」

「また三人娘の鼎談をやりましょうね。このあいだ〝七〇娘〟でやったから、次回は全員が七七歳を超えたときね。」

「とにかく平均寿命（二〇〇七年当時、八五・九九）までは三人とも頑張らなくちゃ。」

三女の私が、ことし二〇〇九年に喜寿を迎える。〇七年の一二月、俵さんの「がんでも喜寿」七七歳のお祝いの会があった。俵さんは元気そのもので、一〇〇歳の人生の夢を語った。二〇一〇年あたりに、アラサン（傘寿周辺をいうのだそうだ）三人のトークショーでも企画しようと思っていたのに。あの七七歳の誕生祝いから、一年に満たぬうちに俵さんは私たちの前から「消えた」としか言いようのない唐突さで亡くなった。ちょっと、友情違反ですよ、と抗議したいところだが、俵さん自身これからすすめたい課題をたくさん抱えてどんなに残念なことだったろう。人生の最終ステージで、時間を共有するはずだった俵さんを失って、今、限りなく淋しい。

俵萠子さんは年齢から言って「戦後の長女」であり、第一期生として男女平等の大学教育を受け、共働きという新しいライフスタイルを実践した。長女というのは社会の変化の波頭に立ち、波をかぶり水しぶきを浴びる宿命にある。新しい時代に変わりきらない世の中の壁にぶつからなければならないのだ。

一九七二年、四二歳のとき俵さんは離婚した。夫に新しい相手が出来て、身を引くかたちでの離婚だった。マスメディアは手の平を返すように、華やかな働く女、俵さんのバッシングにかかった。ある女性週刊誌の見出しを私は息を詰めて見据えた。「別れても夫の姓を名乗りたがる女《ひと》」という意味のタイトルだった。物を書き始めて二〇年近く、「俵萠子」であった。姓名は固有名詞で仕事をする者にとって、社名・屋号に等しい仕事上の生命線である。当時の民法は、結婚して夫の姓に変わった妻は、離婚時に旧姓に復するよう定めていた。だから俵さんの戸籍名は中野萠子に戻ったが、ペンネームとして俵萠子であることに何の異論があろう。それをまるで図々しい女と言わんばかりの叩き方であった。

当時も今も、離婚時に子を引き取るのは八割以上が母親である。ということは、当時多くの離婚世帯で、同一世帯でありながら、母と子の姓が異なることになる。どこへ行ってもすぐ母子世帯であることがわかる。俵さんは自分の経験から、この制度に敢然と抗議し、その四年後、婚姻中の姓と旧姓のどちらかを離婚時に選択できるように法改正された。

俵さんはいつも時代の先端を生きた。一歩先を歩むことによって時代の変化のありようを人々に可視化して見せ、時代を加速させた。すべての自分の体験、それも時には不幸や逆境も含む体験から出発し、多くの女性が少しでも生きやすくなるよう時代を転換させた。

離婚時の体験から、多くの離婚相談を受け、その陰に夫の暴力という問題が闇の中にひそんでいることを知った。離婚成立前にせっぱつまった女と子どものために「駆け込み寺」が必要だった。一九七五年（昭和五〇年）「国際婦人年をきっかけとして行動を起こす女たちの会」の「離婚分科会」は、俵さんをリーダーとしてねばり強い交渉の結果、東京都婦人相談所の一角に、今で言うシェルター機能をつくることに成功した。

教育は我が子の子育てにかかわる重大な関心事だった。管理色が強まり偏差値が幅をきかせ、学校教育とくに義務教育が息苦しさを増した時代であった。校内暴力が下火になる反面、いじめ自殺のニュースが続いた。折から文部省（当時）に臨教審が設置されたが、当時は「女性委員三割」などという目標設定にはほど遠い時代で、俵さんを代表に「女性による民間教育審議会」を立ち上げた。私も世話人の一人だったが、最終的に提言をまとめ成文化するのは「代表」の仕事だった。ほとんど同時期（一九八一年）に、俵さんは全国的に注目を集める初の教育委員準公選に当選、中野区教育委員となった。四年間の任期いっぱい、全力投球と言うべき行動力で、働く父母のために夜のＰＴＡ集会や教育関係の情報公開、市民参加を提唱し、実現していった。俵さんの提案はおよそ政治的思惑を離れた、生身の子どもと父母の立場からのものなのに、「教育」はイデオロギーの対立に巻き込まれやすい。文部省が支持しない「準公選」ということからだろう、俵さんの家の門前に、右翼の街宣車が押しかけ、近隣に迷惑がられることもあった（注、『俵萠子の教育委員日記』）。これらの状況について、私は事実として俵さんの口から聞くことはあったが、グチめいたことは聞いたことがない。

今でこそ政府の動きに対応して民間のＮＧＯが行動を起こすのは、国際的、国内的に常識になっている。「女性による民間教育審議会」の設立は、その先鞭をつけるものだったが、当時の「常識」はこんな批判を投げかけた。

「政府から任命されたわけでもない女たちが何の権限で集まってものを言うのか。」

俵さんは答えた。

「何の権限？　ハイ、国民の権限でやっております。」

俵さんの時代の一歩先を行く生き方は、中年過ぎから「女の生き方」だけでなく、男性の生き方をも包み込んだ人間の生き方への提言となっていく。試行錯誤を含めて身をもって行動した経験から、人生後半の生き方がテーマとなった。戦後半世紀以上の日本社会の時間は、人口論的に言えば長寿の普遍化と高齢者比率増加（要するに高齢化）で一貫し、それは今、家族、地域のかたちを変え、世の風景を一変させる革命的と言ってよい変化の波である。寿命革命の方にウエイトをかけて言えば「人生一〇〇年社会」の到来である。これからの社会は、地球規模においても一大勢力として「人生一〇〇年」を基準にした文化を形成し、就労、社会保障などの社会システムをつくっていかなければならないだろう。世界の人口問題を論じ合った国連の国際人口開発会議（一九九四年、於カイロ）は、「行動計画」の高齢者の章で大意つぎのように述べている。

「人口構造の根本的な変化は、タイムラグをおきながらではあるが、世界がもしうまくやっていけるとしたら、やがて世界中をおおう変化（Change）である。それは、世界がよりよく変化する絶好のチャンス（Chance）となり得るし、それはこうした時代を生きる人々の課題（Challenge）である」。チェンジ、チャンス、チャレンジ、高齢社会に取り組む三拍子のリズムである。

急激な高齢化に対しては、もちろん人生一〇〇年社会にふさわしい社会保障をはじめとする社会システムの構築が急務だが、まず第一に取り組むのは、人生一〇〇年型にふさわしい個々の人生の設計仕様書の変更である。私自身ここ数年「人生一〇〇年」を何かというと枕詞につけるようになってきたが、特に老年学が発達したアメリカでは、一世紀人《センテナリアン》ということばがかなり前から使われ、日本では私の監訳で出してあまり評判にならなかったが『THE LONGEVITY STRATEGY』（邦題『めざせ100歳！――いつも健康で長生きする31の秘訣』）がアメリカでは一九九八年かなりの評判をとっている。

日本では一九八〇年代に平均寿命が八〇歳に迫り、このころ「人生五〇年から人生八〇年時代へ」と言われるようになった。その後も人間の寿命は確実に伸びつづけ、人生一〇〇年時代といってもそれほどオーバーではなくなった。現に日本社会には、一〇〇歳を超える人が三万六〇〇〇人を超えている（二〇二〇年は八万人）。明治生まれの親たちは何かというと「人生五〇年」といい、そして先祖から私たちの親世代まで、伝えられた文化は「人生五〇年型」であった。だから一九七〇年代までの職場の定年は五五歳だったし、結婚生活は、新婚、出産、子育てで完結する一幕もののドラマ、その上、子の数は多く家事はすべて手で行っていた。昔のサラリーマン家庭が「男は仕事、女は家庭」の性別役割分業が基準になっていたとしても、それは人生の長さと生活条件を思えばそれなりに辻つまの合う時間の過ごし方であった。

戦後の民主化も、抵抗をはね返しながらの女性の社会進出も、夫婦の平等も、性別役割分業への異議申し立ても、思えばすべて人間の寿命の伸長という変化に見合った改革である。「介護」もまた長寿が普遍化する中で誕生し、過去にもあったという原形を留めないほどに拡大し、今や個人と家族の人生設計をも揺るがす大イベントとなった。介護保険制度が生まれるなど、社会政策の上でも最大の課題の一つである。

私たちの世代は、親や周辺から人生五〇年時代の規範を受け継いで育ち、民主化と男女同権を思春期に身につけ、女性の就労や自己実現を、女性の人権問題として認識し主張してきた。その主張はひとり女性の権利の問題でなく、男性を含めて前人未到の人生一〇〇年社会を構築する必須条件であることが次第に明らかになっていった。この分野に私たちの世代がそれぞれの取り組みを開始したのは一九八〇年ごろからである。私が、現に俵萠子さん、吉武輝子さんお二人に理事になっていただいたNPO法人高齢社会をよくする女性の会を同志と共に創設したのは一九八三年のことだった。

そのような背景のもと、俵萠子さんの人生を挙げての新しい生き方への挑戦が始まった。赤城山麓にもう一つの拠点をつくり、作陶を始め美術館を開いた。若い頃今とは違った夢を温めていた人は少なくない。俵さんはよく、「あの食糧事情と殺人的交通事情がなかったら私は東京へ出て美術を学びたかった。」と言っていた。その素質が五〇代から陶芸を学び、赤城の土地の一角に萠子窯を設置、りっぱな商品を送り出すようになった。専門家の協力を得て陶芸教室を開く一方、春は野点、夏は戦争体験を若者に語り継ぐ集会、そして二回だけの開催で終わってしまったが、全国の高齢者限定のフォト・コンテスト。事業がひろがり家が手狭になるまでは、離婚で出会った仲間が集い、「大晦日を一人で過ごさない会」を開いた。一九九九年の暮れ、その年パートナーを亡くして沈んでいる私を俵さんは誘ってくれた。ちょうど新潟の夜の仕事の帰り、深夜、黒い氷の膜のような空気を割って、私は赤城の家を訪ねた。中には十数人が集まり、火はあかあかと燃え、熱い豚汁ができていた。みんなやさしかった。離婚というそれぞれの痛手をいつしか出会いの喜びに転換してしまう、俵さんは集いの名人であった。

俵さんの赤城での活動は、女性ばかりでなく、これまで日本の職場を支配し仕切ってきたはずの男性たちの胸の底にも届く提案であった。三〇年ほど前、女性が子育て後の自らの人生を模索し、その水先案内人が俵さんだったように、男性たちが定年後の「長すぎる老後」

の前にとまどいはじめた。ここでも俵さんの生き方は定年後の「希望の星」であり、もともと美しく男性ファンの多い人だったが、さらなる男性ファンを獲得したと思う。人生一〇〇年社会は、きのうの女性の悩みがきょうの男性に必ず広がっていく。

六〇代半ばを過ぎるころから、俵さんの身の上には乳がん、瀕死の交通事故、骨折、うつ状態など健康上の問題が相ついだ。どれ一つとっても命にかかわる大問題であるにもかかわらず、結果として俵さんはいつも不死鳥のように甦った。甦るたびに、同じ経験を持つ仲間と連れ立っていた。甦りを重ねながら、俵さんの活動はますますこの世の弱い立場の側に身を寄せ、そこから今までと違うタイプの活力、生命力を生み出そうとしていたように思う。乳がん仲間とはみずから手作りで「一、二の三で温泉に入る会」をつくった。がん患者のNPO理事長に就任し、「七〇代からの仕事の柱の一つは、ボランティア活動」と明言していた。

「戦後の長女」はこうして吉武輝子さんの言う「人生一〇〇年社会の長女」となった。私たちはみんな、史上初の「人生一〇〇年丸」の初代乗組員である。俵さんにはその人生一〇〇年丸のへさきに立って初航海の船長役を引き受けてほしかった。

ついのすみかの青い鳥

本書『子どもの世話にならずに死ぬ方法』は俵さんの晩年となってしまった二〇〇五年に

中央公論新社から単行本として出版された。俵さんの他の著作同様、自分自身が今の今を生きる中でつき当たった問題に体当たりで挑み、同世代の人々との共通項を括り出し、等身大に世の中に提出したものである。読者はそこに同じ悩みを見出して共感すると同時に、その悩みの根源が何であるかを説き聞かされ、不必要な怖れから解放されるであろう。そしてこれが俵さんも同じ世代――広い意味で人生一〇〇年社会の初代として取り組む課題だと知って勇気を得るであろう。ここにあらわれた俵さんの悩み、ひいては読者の悩みは、個人的不幸でも自業自得でもなく、高齢化という時代の必然が生んだ課題である。

俵さんが本書の中で提起したテーマこそまさに超高齢社会、人生一〇〇年社会によってもたらされたものである。それも人生一〇〇年の初期でなく、中年初老の時期から最終期になって出会う課題である。先輩たちはそこまで寿命がなかったから、俵さん世代私たち世代が最初に出会うものであり、初めてのことであるからすべて難問に見え、混乱を来たし、解決に手間取るのである。

この本の中であらわされた人生一〇〇年社会の難問は大きく分けて三題ある。一つは住宅問題とくに老いのすみか、ついのすみかとしての有料老人ホームの位置づけである。俵さんは数年前に一〇〇箇所近くの有料老人ホーム、特別養護老人ホームなどを歴訪した。その内容の報告が本書の重要な部分を占めている。

第二のテーマは「介護」である。介護は昔からあって、伝統的に家族の中で嫁や妻が行ってきた。できればその伝統を守って家族による在宅介護が何より、という考え方は今も日本社会に一定の力を持っている。一九九〇年代半ば、介護保険創設を巡って国民的論議が広がったころ、伝統的な考えは今よりはるかに強かった。私自身この制度創設に審議会委員などとしてかかわれたことを光栄としているが、制度の内容を論ずるよりも、制度そのものの創設に苦労した思いが強い。多種多様な対立軸が存在したが、煎じつめれば伝統的な家族関係が好みで、そのままで介護を支えうるとする派と、現実が人生一〇〇年親子四世代に家族のかたちが変わったので新しい対応を、と願う現実対応派の論争であった。政策は現実対応が当然であるが、守旧派には「昔はよかった。昔の日本の女はやさしかった」とする、一種のナショナリズムにさえ結びつく感情がこめられている。説得はていねいに、くり返し行なわなければならない。しかし、説得しても納得したかどうかわからないのがむずかしいところで、俵さんの最愛のご両親も、明治民法型の家族制度から決して抜け出してはいなかったようだ。相続その他で当時の常識と言いながら長男を立てたようである。一方で介護責任を背負った弟さん、とくにお嫁さんは大変なことだったと思う。そのような時代の変わりきらない壁に「長女」はいつも激突する。激突しつつ情の細やかな俵さんのようなタイプの子どもは、それでも親を心配し愛さずにはいられないのだ。

いずれにせよ、超高齢化の副産物として、「介護」の期間が長くなった。過去には想像もつかなかった量に達した。住宅にプラス介護というのが、これからのついのすみかに求められる課題である。

第三は、第二の介護とひとつづきの問題であるが、かつて家族が担ってきた介護役割を誰が担うか、という担い手の問題である。家族は介護のどの部分にかかわり責任を持つか。家族関係の変容の中で、俵さん自身母上とのつらい別れを通して、「子どもの世話にならずに死ぬ方法」という本書のタイトルのことばにたどりついた。人によっては「過激な言葉」と思うかもしれない。

現在の日本人が高齢期で要介護になったとき、どこで過ごしたいと思っているか。くり返しの調査がある（たとえば、国交省「高齢期の住宅居住に関する調査」二〇〇一年）。それらを見ると、多くの人々が「在宅で」と願っているのは事実である。ただし、これも脳卒中の後遺症など急変が予測されるグループでは意外に「病院」という声が高い（青森県医師会、二〇〇七年）からいちがいには言えない。しかし、俵さんのご両親を含めて、病院や老人ホームなど施設にいる高齢者が「家に帰りたい」と合言葉のように言うのもまた事実である。住み慣れた家と継続的人間関係の中で老いの人生を生きたい、というのは当事者にとってごくあたりまえの願いである。

一方、調査を見ると、「在宅で」とは言いながら「家族の中では誰に介護してもらいたいか」という設問の答えは、はっきりと変化している（たとえば内閣府「高齢者介護に関する世論調査」二〇〇三年）。第一位は男女とも「配偶者」であることに変化はないが、女性の場合六五歳以上になると八割がた配偶者を、多くは自ら介護して見送っている。次の世代に介護を委ねざるを得ないのは圧倒的に女性の側だ。女性高齢者が介護を頼む相手方は明らかに嫁から娘へ、あるいは息子も登場して血縁シフトと言ってよい。何よりも介護保険制度の普及の結果であろう「家族とホームヘルパーなど」がはっきりと増勢を示している。「子どもの世話にならない」と言い切れなくても、「子どもに過重な介護負担をかけたくない」というのはおおかたの親の本音の願いであろう。

現実に長寿化に伴う家族関係の変容は、子どもによる全面的介護を困難にしている。第一に「老老介護」という子世代の高齢化である。息子も嫁も高齢者という高齢者二階建て現象があたりまえになって、家族のみの介護は共倒れのもととなる。またこれまで介護責任を担ってきた「嫁」がいなくなった。この際「嫁」とは実家の親の介護から解放されていて婚家の親の介護に専念できる存在と定義することにする。大ぜいきょうだい時代に、この条件にあてはまる「嫁」は少なくなかった。今、少子化時代を迎えてきょうだいの数は、団塊の世代以降は前の時代と比べて半減している。ましてや大都市人口集中、世界を職場とするサラリーマンの増加などによって、親の周辺に住む子世代は一組あるかないか。四人の親がいっせいに倒れ、同時多発介護に立往生する子どもたちが出ている。ほかにも息子・夫の男性介護者の増加、遠距離介護、介護離職の増加などなど。ここまできたらもう、介護をこの社会の中枢に置いて、社会システムを構築するより方法はない。俵さんの介護が安心できるついのすみか探しは、その終着点を遠景として見通しているようだ。

三番天井のついのすみか

俵さんと私が知り合って、お宅へ伺ったころ、俵さん一家は確か公団の分譲住宅だったと思うが、都心に近いマンションに住んでいた。その前は私は訪ねたことはなかったが、ひばりが丘にある大規模な賃貸住宅団地だった、と聞いている。

その後俵さん一家は、西荻窪にできた三階建ての分譲マンションに移った。そのころ私も同じ杉並区に家を建て「近くなんだから遊びにいらっしゃいよ」と言われて何度もお訪ねした。俵さんの方から我が家を訪れることもあった。その西荻のマンションは、三階で一戸だから地面に直結して小さいながら庭があった。そこで俵さんは、お子さんたち念願の犬を飼った。保健所で処分寸前のところを救出された幸運な黒い犬だった。結構長生きして中野の庭に眠っているはずである。飼いはじめたばかりの犬を大切に抱きかかえるお嬢さんを見て、俵さんが「今の東京二三区で、犬を飼うことができるのは特権階級になっちゃったわね」と言ったのが印象に残っている。原則ペット禁止は、おおかたの日本の中高層住宅で今も続いている。俵さんの有料ホーム歴訪の旅でも「犬の飼えるホーム」は皆無に近かった（二〇二〇年代、少数だが存在する）。

この三階建てマンションで俵さんは離婚を経験する。そして悲しい体験を綴った本がベストセラーになり、俵さんは東京都中野区に、まずは邸宅と言ってよい家を建てた。設計は建築家の父上が当たり、純和風の落ちついたたたずまいである。以来、俵さんはこの住居で後半の人生を過ごし、二人のお子さんを育てた。地元中野区の住民としてさまざまな活動に参加し、中野区が全国初の教育委員準公選にふみ切ったとき、立候補して当選、活躍したのは前述のとおりである。

その後、赤城の地に広大なもう一つの人生の根拠を得て、俵さんはすまいの上で人も羨む生活と言ってよかった。広い庭があり、かつまた中野という副都心を指呼の間に見る立地条件のお住まいを、私もどんなに羨ましく思ったことだろう。これは日本人の住宅観から言って、双六《すごろく》で言えばいわば「上がり」だった。一戸建て、交通至便な住宅に、趣味を生かせる広大な別荘。ほかに望むところがあるだろうか。にもかかわらず、俵さんはついのすみかの青い鳥を探す旅に出なければならなかった。俵さんをその旅に駆り立てたのは、くり返すようだが急激な高齢化長寿化のせいで、これまでのすまいの常識が通用しなくなったからである。

戦後長いこと、住宅取得はすべての人にとって生涯の課題であった。戦後の一〇年間ぐらいは、新婚生活を焼け残った家の間借りでスタートした人が少なくない。「もはや戦後ではない」と経済白書が宣言したのが昭和三一年（一九五六年）、その前年に日本の新たな住宅政策と言われる日本住宅公団法が施行され、団地族が生まれた。当時家賃の七倍を超える月収を必要としたため、団地族には一定の収入が必要であり、その上交通の便のよいところは高倍率の抽選があった。俵さんが早々と団地族になることができたのは、共働きによる収入があったからだろう。

多くの戦後世代もまた、間借りか木賃アパートから憧れの団地族となり、そこで頭金を貯めて分譲マンションの主となり「それでもやっぱり犬が飼いたい」「庭にブランコをつくってあげたい」とマンションを売って頭金をつくり、長いローンを組んで一戸建て住宅を取得した。俵さんは戦後の同世代都市住民と住宅についてはほとんど同じ歩みをたどっている。少し違うのは、人並みより経済力に恵まれた分だけ、戸建ての立地条件が都心から離れた郊外住宅でなく、都心に近いことだけだ。

郊外に念願の庭付き一戸建てを得た人たちはそれがついのすみかであることを疑わなかった。そこで子どものＰＴＡに参加し、進学に苦労し、子どもを巣立たせた。定年後にはさまざまな地域活動に参加し、なじみ深い人間関係ができた。

にもかかわらず、この世代のさらなる移住が今、引き起こされている。住宅双六「上がり」と思った郊外一戸建てはついのすみかではなかった。景気に二番底、三番底という言葉があるが、天国に行くまでに上がりの上にまだ二枚か三枚の天井を通り抜けて行かなければならない。人生一〇〇年社会が投げかけた「ついのすみか」異変である。

人間の寿命が延びたおかげで、従来の住宅常識の中に、人の一生が収まりきらなくなった。俵さん自身別な本で書いているが、三十余年前に建てた木造住宅が、年々莫大な修理費を必要とする「金食い虫」になってきた。わが家もおよそ同じころの建築だから、少し前から雨漏りがするようになって、もうしばらくこの家に住むつもりの私は、昨年三〇〇万円以上を投じて屋根を張替え壁を塗り直した。足場を組んでの大仕事だった。当時、木造住宅に耐用年数が三〇年と法定されていることを知らなかったわけではない。でも四〇代の私には遠い遠い先のこと、そのころ自分が生きているかどうかも分からない、と漫然と思っていたようだ。人生一〇〇年、人の寿命が家の寿命を追い越して、定年後のふところ淋しくなったときに大修理、大改築費を必要とするようになったのだ。寿命に合わせて耐用年数を木造でもせめて五〇年にする必要があるし、加齢に合わせたバリアフリー化の改装費、改修費等は別途積み立てるような、人生一〇〇年住宅生活設計プランの普及が必要である。

かつて俵さんは、父上設計の中野の家を宝石のように大切にしていた。しかし今や、住まいというものへの執着がなくなった、と書いている。それは修理費がかかる、というだけでなく、これまでの住宅に、これからの老いの日々に必要な装置がついていないからである。最大の装置、それは介護だ。

俵さんほど立地条件に恵まれていない、郊外一戸建ての同世代の居住者が、この数年の間に続々と引っ越しをしている。だいたい元の居住地と同系統の沿線で、より都心に近く、より駅に近い徒歩圏のマンションへ移り住む例が多い。新興住宅地の人口が減り、若い世代が少なくなって学校周辺の賑わいが減り、バスの本数も間引きされた。若奥様時代の昔は、早朝に深夜に愛車を駆って夫を駅まで送迎したものだが、ガソリン代、車検代、もみじマークも腹立たしく車を手放した。病院へ通うにも、何かあったとき子どもが駆けつけてくるにもここは遠すぎる。近隣の店も一軒二軒とシャッターを下ろし、買い物はますます不便になってきた――。というわけで六〇代から七〇代の高齢者の都心回帰と言われる現象が目立つようになってきた。

しかし、こうしてより都心に近く、便利でセキュリティーが保たれるマンションに越してきた人たちも、ここが「ついのすみか」だとは必ずしも思っていない。彼らはまだ、外出し社会活動の出来る元気な高齢者なのである。「もしかしたら、いずれ、もう一度」と心の底で覚悟している。「その時」は配偶者に死別して、ひとりになったときかもしれない。要介護それも認知症を伴ったときかもしれない。いくら便利なマンションとは言え、そこは一般向きのマンションで、介護はついていないからだ。

元気なときの住み心地のよさと広さ、そして要介護になったときの安心良質な介護。この二つが有料老人ホームという青い鳥である。両立する有料老人ホームを求めて、俵さんは懸命の遍路をつづけるが、なかなか理想のホームには到達しない。まあここなら、と思うところは、俵さんといえどもその価格に息を呑んでしまう。ふつうのサラリーマンの老後はどころに居所を定めたらいいだろう。

実は今、有料老人ホームをはじめとする「ついのすみか」は戦国時代のまっただ中である。長いこと日本の住宅政策は、今の国交省（かつては建設省）が所管してきた。住む側の政策である以上に、住宅産業育成策であり、一方で企業を通した低金利融資など勤労者の資産形成政策であった。住宅が福祉の基本という発想は、低所得者政策を除いて日本には皆無に近かった。

二〇〇〇年、介護保険制度が始まって、ようやく手すりの取り付け、段差解消など住宅改修が総額二〇万円（自己負担二万円）を限度として認められるようになった。二〇〇六年の改正論議では、住宅の問題がクローズアップされた。改正の前提となった厚労省高齢者介護研究会報告書「二〇一五年の高齢者介護」（二〇〇三年）では、高齢者に「早めの住み替え」をすすめ、その受け皿となるような高齢者住宅政策を示唆している。ようやく、国交省と厚労省が相互乗り入れのポストをつくり、高齢者福祉のための住宅と町づくりが政策の視野に入るようになった。

そのころから、賃貸市場から疎外されっぱなしだった高齢者に向けて、賃貸集合住宅の扉がどっと開かれるようになった。少子化で学生や独身の若者向けのワンルームマンションなどが頭打ちとあって、当然の市場の動きであろう。高齢者専用賃貸住宅から始まって、高優賃（高齢者向け優良賃貸住宅）、高円賃（高齢者円滑入居賃貸住宅）――見分けがつかないほどである（二〇一一年、「サービス付き高齢者向け住宅」に一本化）。介護の不安に応えるべく、外付けで同一建物内に訪問介護ステーションや訪問介護事業所、デイサービスセンター、クリニックなどを併設しているところが少なくない。

二〇〇〇年の介護保険スタート時点から、有料老人ホームは「特定施設」としての条件を満たせば、有料老人ホーム自身が提供する介護サービスに介護保険が適用されるようになった。有料老人ホームには、大別して入居時に自立していることを条件とする「健康型」と要介護者が入る「介護型」がある。両タイプ合わせて介護保険スタート時には三五〇施設だったが、二〇〇八年三月には三三二三施設、ざっと一〇倍の伸びを示している（二〇一九年一〇月、一万五一三四施設）。ほかに認知症専用のグループホームも個室が原則で制度上は住居の扱いだし、今や高齢者のすみかは林立し乱立し、かつ時々刻々変化している。俵さんはこの本の中で、こうしたついのすみかの交通整理をしながら、見どころ極めどころに解説を加えている。同じ迷いを持つ読者は、俵さんと共に揺れ動きながら、ポイントを整理することができるだろう。

本書の中で俵さんが怒りといらだちを込めて言うのは、親の資産をアテにし、親の有料老人ホーム入りの邪魔だてをする子どもたちの存在である。そして「面倒を見る」などと言いながら、親の虐待に走る子どもである。二〇〇四年度の高齢者虐待実態調査を本書の中で紹介し、そして高齢者虐待防止法の制定を心から願っていた。この本が出版された翌年の二〇〇六年、高齢者虐待防止法が施行されたが、虐待された高齢者の行きどころを含めて問題は山積している。

私たち世代が、子どもを甘く育てすぎたのではないか、親自身は戦後の無一物から出発したのに、子は親をアテにするように育ってしまった。老いて親が自分の生き方として有料老人ホーム入居を選択するとしたら、子に気兼ねすることなく堂々と自立の道を選ぼう、と呼びかけている。俵さんらしい首尾一貫した、老いてなお自立の覚悟であり、私も全く同感である。

もう一つ、俵さんは知人の言葉として「親孝行するのは人間だけで、他の種族の動物はしていない。だから親孝行という規範は不自然で無理なことだ」を紹介している。俵さんがこのことばに共感していたのか、単なる一つの意見として紹介したのか、真意はよくわからない。

私は思う。他の種族がしないことをするのは、人間の証明ではあるまいか——と。親孝行と規定してしまうと、何やら前時代の遺物めいた香りがするが、親であれ他人であれ、力の弱い人を介護する、支えるというのは人類のみが出来ることだ。いや、人類としても貧しく生き延びるのが困難な時代には、弱い者老いた者を疎外した時代もあった。人類が一定の豊かさを獲得するのと同時進行で、女性の平等な人格が認められ、障がい者や高齢者など立場の弱い人を仲間はずれにせず、支え合っていく道を拓いた。国連レベルで言えば、国際人権規約であり、女子差別撤廃条約であり、障害者権利条約であり、高齢者人権憲章である。介護は人間しかしない営みであり、人間の証明である。そして私は、親孝行ということばをあえて使う気はないが、自分に命を与えた人の命の極みを敬意を持って見つめ見送ることは子の基本的なつとめではないかと思っている。もちろん介護の負担に押しつぶされそうになったり、自分の家族がバラバラになるようなあり方は避けなければならない。介護疲れで先に死ぬようなことがあったらそれこそ「親不孝」であろう。

俵さんは、その子としての責務を十分すぎるほど果たしている。その父上母上への恩愛の情は、打算もなければ、規範に縛られたがゆえのものでもない。俵さんが父上母上との間に育んだ人間関係の自然な発露である。

俵さんは、ついのすみかの青い鳥を探求中に世を去った。続編というべき、婦人公論連載「終《つい》の棲み家に翔べない理由」のなかに私が少し登場する。俵さんが「あなた長年老人問題やってて、有料老人ホームに入ることを考えたことないの?」と聞いたのに対して、私はあっさりきっぱり「ありませんね。私は集団生活にむかないと思っているから」。たしかにそんな会話が交わされた記憶がある。

その意味はどういうことか、それじゃ樋口のついのすみかの青い鳥はどこにいるのか、と読者に問われるかもしれないので、最後にその点に触れておこう。

高齢者対策も高齢者向けビジネス市場も目まぐるしく変わる。私自身は元気で、かつ重要なことだがゴミ出しの後始末とか赤い羽根の当番とか、地域の中にある細々とした役割を果たせる限り自分の家にいたい。身の回りのことは要介護度が重くなったら介護保険に私費を上乗せしてやってもらう。これらのことができなくなったとき、指示出しができなくなったとき、私はなるべく近くに身分相応の介護型有料老人ホーム入居の道を選ぶだろう。幸い介護保険と有料老人ホームの競争激化のおかげで、かつては家を売らなければ捻出できなかった入居一時金は、私の場合、貯蓄の範囲で賄える金額に下がってきている。自宅も荷物も大半はそのまま、弱ってからの入居だから利用期間も相対的に短く、ホーム倒産の危険確率もそれだけ低くなろうというものだ。

俵さんは当初外国の専門家に言われた「六二歳から七六歳まで」という入居適齢期にこだわっていた。現実に入居年齢を特定したアメリカの大規模有料老人ホームタウンがあることを知っている。健康な第二の人生を、そこで拓き、新しいコミュニティーづくりの一翼を担う、というならたしかに「入居適齢期」があるかもしれない。でも、「適齢期」にこだわることはない。私の適齢期は要介護状況になって、地域や身の回りのことについて自分で判断できなくなったとき、である。適齢期は自分で決めればいい、と思っている。俵さんも同じ結論に到達したようだ。

本書の解説を書かせていただくことになって、あらためて私は、俵さんが自分自身を襲うテーマに押されるように、全力を挙げて老人ホームを訪ね、人に出会い、思慮を重ねた跡をたどることができた。なかには私自身訪ねたことのあるホームもあり、俵さんとの視点の共通性をよろこび、違いを楽しんだりした。いっしょに俵さんと訪問を続けているようで、その間たくさんのおしゃべりを交わし、意見をたたかわせることができた。俵さんと私は、世の中に向かって共通の基盤に立っているが、細かいところでは違いがあり、結構論戦を続けている間柄である。俵さんにはいつも上質の違いをつきつけられて、私は自分自身の認識を深め、必要な訂正を加えることができるのだった。

蒴子さん、亡くなってからもこうして対話の機会をつくって下さって、ほんとうにありがとうございました。この先はいずれ私もあちらへ行ってから論戦を続けることに致しましょう。

そして蒴子さん。蒴子さんがそうであったように、最期は決して予定どおりにはやってきません。私の未来の死も全く見当がつきませんが、一方で老いと死が必ずやってくることほど確実なことはありません。その確実性に向かって、人々の心配と不安をまともに背負い、自分の悩みと重ねて、蒴子さんは烈々たる自立の意思のもと、ついのすみかの青い鳥を探しつづけました。

全編を通して伝わってくる俵蒴子さんのメッセージ、それは子や他人に頼るばかりで自立の志がないところには決して「青い鳥」はいない、ということです。

（二〇〇九年二月）

新装版解説——老人ホームに入りたくないこれだけの理由

上野千鶴子

生前の俵さんにお目にかかったことがある。

『おひとりさまの老後』を書いたあと、そうだ、おひとりさまの大先輩のところをお訪ねして生き方を聞いてこよう、と思った。赤城の俵萠子美術館まで自分でハンドルを握ってクルマを走らせた。そのとき、駐車場をバックしてぶつけた傷が、いまでも後部のバンパーに残っている。直しましょうか？　とディーラーに聞かれるたびに、いいです、そのままで、と答える。それを見る度に、赤城へのドライブツアーを思い出すからだ。俵さんが高速道路で大事故を起こし、免許を手放された後だった。

美術館、陶芸教室、暮らしぶりなど、惜しみなくご案内いただいて、その気っ風のよさにほれぼれした。それから交流が始まり、「㐂寿の祝い」にも呼んでいただいた。戦後民主主義教育第一世代、男女平等に果敢にとりくんだ「三人娘」のうち、吉武輝子さんは持病のための酸素ボンベを手車で押してのご参加だったか。樋口恵子さんが友情あふれるスピーチをなさった。㐂寿のパーティが終わってほどなく、俵さんはあんなに心配しておられた寝たきり要介護になるいとまもなく、病院で亡くなられた。「三人娘」のうち、俵さんと吉武さんのお二人は旅立たれた。本書『子どもの世話にならずに死ぬ方法』の文庫版には、俵さんと親交の深い樋口さんが、戦後の歴史と俵さんの個人史を重ねた行き届いた解説を書いておられる。再版にあたって、あらたに解説を付け加えるわたしの任務はなんだろうか？

『子どもの世話にならずに死ぬ方法』は、俵さんの老人ホーム探しのドキュメントである。そのきっかけは、長男に頼るという生き方をしてきた彼女自身の母親とその息子の嫁との確執に満ちた七年半にわたる介護経験だった。俵さんのお母さんは、結局誰にもみとられずに「病院内ひとり死」をした。

本書は母親の経験を教訓に一〇〇以上の老人施設を訪ね歩いた俵さん自身の迷いと悩みの正直な記録である。結論は出ていない。

本書には『終の棲み家に翔べない理由』という続編がある。だれだって「その後」の俵さんについて知りたいにちがいない。だからわたしのこの「解説」は、本書とその続編、二冊をまとめて論じることにしたい。お徳用だが、本書の読者には、ぜひ続編の方も手にとってもらいたいと思う。

この二冊の著書を読んで感じるのは、俵さんがあの手この手で「老人ホームに入るのがイヤな理由」を語りつづけていることだ。のぞましい老人ホームの条件として、立地、費用、広さ、食事、規模、人間関係……などもろもろの条件をあげていくが、どこも決定打がない。たいがいの施設は足の便が悪く、都会にあれば費用が高くて手が届かず、どの施設も部屋が狭すぎて現役で仕事をつづけたい人向きではなく、食事は途中で業者が変わってまずくなることもあり、ペットを連れて入ることができず、規模が理想的だと思ったらややこしい人間関係があり、自宅を売って入居しなければならないとしたらもはや逃げ場がない……ンたく、これでもかこれでもかとあら探しをしているようにすら思える。本書の最後に「自分がはいってもよいと思える老人ホーム」はふたつある（一〇〇以上の施設をめぐって二つしかない！）とあるが、ホンネをいえば、俵さんは全身で「行きたくない！」と叫んでいるようだ。

続編の『終の棲み家に翔べない理由』は、もっと徹底している。こちらの方は『婦人公論』に二〇〇七年から二〇〇八年にかけて連載された一二回分をまとめたものだが、俵さんの入院で中断された遺著ともいうべきものだ。その最終回に、俵さんはこう書いている。

「私は老人ホームを取材すればするほど、〝自分の家で死ぬ〟ということについて考えるようになった。」

俵さんは言う。

「人はどこで死ぬべきか。理想はきっと、自分の家なんだろう。」

「自分の家で死ねる社会的条件も金もないから、私はホーム探しをしているのだと思う。」

そうなんです、俵さん、もう少し長く生きてくだされば、上野が確信をもって「できます」と言ってあげられたのに。

俵さんが取材を開始したのは、介護保険の始まる前後だった。その当時には、たしかに「自分の家で死ねる社会的条件」はなかっただろう。「おひとりさま」の死に場所は施設か病院の二択しかなく、施設は低所得層向けの大部屋収容か、さもなければ眼の球の飛び出るような富裕層向けの有料老人ホームしかなかった。介護保険以前には人手は家政婦さんや看護師を自前で雇うしかなく、そんなことができる人たちは限られていた。

介護保険が施行されてからようやく利用者の権利意識が生まれ、特養や老健が「姥捨て」イメージを払拭して、個室があたりまえ、になったのが二〇〇三年。それだってその三年後には室料を別にとられるようになった。権利意識を持つようになったのは家族の方で、お年寄り当事者ではなかったことは、親を騙し討ちのように施設に置き去りにする家族のエピソードが語っている。その個室だってひとりあたり床面積が最低10・65平米、ベッドを置けば動き回れる空間もないくらいの狭さだ。俵さんが各地の老人ホームを見て歩いた時期は、ちょうど低所得層向けと富裕層向けのあいだ、中間層向けの高齢者住宅が、高専賃（高齢者専用賃貸住宅）、高優賃（高齢者優良賃貸住宅）、ケアハウスなどさまざまな名前で、高齢者施設の総量規制の隙間をついて次々に登場し、それも自立型、住宅型、介護型とか細分化されてばらばらに統制がとれなかった時期である。住宅は国土交通省の管轄、介護サービスは厚生労働省の管轄というタテワリを排して、「高齢者住まい法」ができたのは二〇一一年。それからサービス付き高齢者住宅と一括して呼ばれるようになった。それも折からの住宅市場の不況に苦しんでいた建設業者が参入、介護のノウハウも行政の監視もなく、「サービス付き」とは言いながら「サービス」の内容はピンからキリだった。

「住宅」だからトイレと風呂があるのは当然、それを含んで一戸あたり25平米、食堂や台所にあたる共有部分が広ければ居室は18平米でよい、と狭苦しい。東京都は石原慎太郎知事時代に「東京都基準」を独自につくって「四畳半」でよいとした。いまどき若者も住みたがらない、まかないつき四畳半下宿に年寄りを押し込んで良いのか、と怒りを覚えたものだ。

俵さんが取材した時代には、高齢者の住まいの選択肢は少なかった。本書がルポルタージュとして価値があるのは、俵さんが克明に入居金や月額費用について記載してくださっていることである。高齢化にともなってマーケットが拡大し、ふところ具合の豊かでない中間層のニーズが拡大してきた。初期費用七千万、月額五〇万のような富裕層向けのところから、入居金三千万、月額二五～三〇万程度の中の上向け、さらに入居金なし敷金のみ、月額費用一五～二〇万程度のサービス付き賃貸住宅の供給が増えてきた。これが特養や老健になると多床室で七万程度、個室で室料（病院の差額ベッド代と考えればよい）を加えて一四～一五万程度。それだけの支払能力がなければ特養にも入れない。高齢者住宅業界では一五～二〇万円台の「中間層向け」市場はほぼ飽和状態に達したから、次のターゲットは月額費用一〇万円台前半の費用負担に耐えられる層の市場開拓だという。もちろん価格が下がればそのぶんインフラもサービスも悪くなる。老後の沙汰も金次第、ということが、俵さんの本を読むとリアルに伝わる。

だがちょっと待てよ、と思う。日本の高齢者の持ち家率は高い（これまでは。これから先は低下しつつある）。室料や賃貸料を払うくらいならそのまま自分名義の家にいればいいじゃないか、というのがわたしが「おひとりさま」研究を始めた動機だった。自宅なら賃料はかからない。賃料を払う余裕があるならその分、自費で介護サービスを買うことができる。

俵さんのお母さんが倒れたのは、介護保険が始まる四年前。介護生活七年半のうち、後半は、「介護保険がスタートし、目いっぱい介護保険のお世話になった」と俵さんは書くが、それでも実態はこうだった。

「母にはもう一つの選択として、〝おひとりさま〟の生活を貫くという生き方があったのではないか。……が、介護保険だけでは絶対にやっていけない。結局、弟の妻が介護を補完した」

日本の家族介護は、嫁の強制労働で成り立っている現実を、それが介護する側にもされる側にも大きな不幸をもたらしていることを、俵さんは痛感していた。

「介護保険だけでは絶対にやっていけない」……たしかに、俵さんの時代には、そうだった。だがわたしは『在宅ひとり死のススメ』（文春新書、二〇二一年）の著者として、確信を持って言える、できます、と。

在宅介護と家族介護は違う。家にいるからといって家族が同居しているとは限らない。高齢者の独居世帯率はみるみるうちに増加した。わたしが調査を開始した二〇年前、「家でひとりで死ねますか？」と訊くと、現場の専門職の答えは「無理ですねえ」というものだった。ところが最近では「だいじょうぶです、ご家族がいらっしゃらないほうがやりやすいです」と現場の答えが変わってきたのだ。

何が変わったのか？

介護保険二〇年間の歴史で、現場が進化したのである。

高齢者の在宅生活を支えるために、地域に密着した小規模多機能型事業所が次々に生まれた。そこに看護の機能を加えて看取りまで可能にするような看多機こと看護小規模多機能型事業所も生まれた。訪問医療を担ってくれる医師が各地に登場し、医師と連携する訪問看護ステーションが急速に増えた。今では訪問リハ（リハビリテーション）、訪問歯科診療、訪問薬剤師もやってもらえる。俵さんの時代には存在しなかった選択肢である。

なぜって？　お年寄りはお家が好き、お家にいたいと思っていることが、はっきりわかったからだ。そしてお家にいたいということは、必ずしも家族と共にいたいということと同じ意味ではないこともわかってきた。

あまつさえ二〇一五年から政府は「地域包括ケア」を掲げてできるだけ施設にも病院にも送り込まずに、年寄りに家にいてもらうよう「在宅誘導」している。政府の意図は「不純な動機」から出ている。なぜって在宅は安あがり福祉だからだが、お年寄りの望みと一致しているならよしとしよう。ほんとにそんなことできるの？　介護保険で足りないところはおカネがないと無理なんじゃないの？　というもっともな疑問には、現場のプロたちが答えてくれる。現場の経験値が上がって、医療保険と介護保険の本人一割負担内でおひとりさまの在宅みとりができるようになった、と。施設に入るより、ずっと安上がりには違いない。

俵さん、もう少し長生きして、現場の進化を見届けてほしかった。あなたの盟友、樋口恵子さんたちがカラダを張って作った介護保険はちゃんと成長したからだ。ついでに樋口さんのその後の選択についても、述べておこう。本書で登場する樋口さんは、老人ホームという選択肢を「集団生活が無理」だからとにべもなく却下する。なのに樋口さんはわたしに対しては、老後は在宅か施設かについてことばを濁してきた。周囲に施設入居を選ぶ高齢の女性たちがいることに配慮してきたせいもあるだろう。だが、その樋口さんも俵さんに対して「介護が必要になったら施設」と答えている。最近、樋口さんは、「自分が入ってもよい」と思えるレベルの有料老人ホームの入居金に該当するだけの高額のお金を投資して、自分の寿命より先にガタが来たご自宅を建て替えられた。それで樋口さんの「老人ホーム入居」の選択肢は消えた。とうとう樋口オネエサマも在宅派に転じたと思ったわたしは、対談本『人生のやめどき』（マガジンハウス、二〇二〇年）のなかで、「樋口さん、とうとうルビコン川を渡りましたね」と告げた。ご本人はいや、まだまだ……と明言を避けておられるが、言っていることよりやっていることで判断すれば、樋口さんはもはや後戻りできないしかたで、在宅を選ばれたのだろう。その樋口さんにも、だいじょうぶ、今なら在宅ひとり死できますよ、と言ってあげたい。

制度をつくり、担い手が育ち、現場が進化し、これまでなかった選択肢が可能になる……わたしはそのめざましい変化を目の前で見てきたのだ。

これから先、認知症になっても在宅ひとり死ができるようになってほしい。わたしの次なる課題である。

装幀　岡本洋平（岡本デザイン室）
扉写真　ＴＡＤＡＯ ＫＩＭＵＲＡ／アフロ

『子どもの世話にならずに死ぬ方法』二〇〇九年三月二五日　中公文庫
「新装版解説」は書き下ろしです。

俵萠子

1930（昭和５）年大阪市生まれ。53年大阪外国語大学フランス語学科卒業後、産経新聞社入社。主に育児・教育記事を担当。65年同社退社後、女性・家庭・教育問題を中心に評論家として幅広く活躍する。81年３月から４年間、日本初の準公選で東京都中野区教育委員を務める。2008年11月27日逝去。著書に、『終の棲み家に翔べない理由』（中央公論新社）、『俵萠子の教育委員日記』（毎日新聞社）、『人生に定年はない』『四十代の幸福』『命を輝かせて生きる』『癌と私の共同生活』『生きることは始めること』『六十代の幸福』『人生、捨てたもんやない』（以上、海竜社）、『わたしの田舎暮らし』（大和書房）など多数。

新装版《しんそうばん》
子《こ》どもの世話《せわ》にならずに死《し》ぬ方法《ほうほう》

2021年10月25日　初版発行

著　者　俵《たわら》　萠《もえ》　子《こ》

発行者　松田陽三

発行所　中央公論新社

〒100-8152　東京都千代田区大手町1-7-1
電話　販売　03-5299-1730　編集　03-5299-1740
URL http://www.chuko.co.jp/

ＤＴＰ　嵐下英治
印　刷　大日本印刷
製　本　小泉製本

Published by CHUOKORON-SHINSHA, INC.
Printed in Japan　ISBN978-4-12-005470-9 C0095